KB041966

생각하고 토론하는

중국 철학 이야기 ①

고대—혼란 속에서 꿈꾸는 새로운 사회

생각하고 토론하는

중국 철학 이야기 ①

고대—혼란 속에서 꿈꾸는 새로운 사회

지은이·강신주 | 일러스트·이영규 | 펴낸이·김준성 | 펴낸곳·책세상 | 초판 1쇄 펴낸날 2006년 11월 20일
초판 5쇄 펴낸날 2024년 11월 15일 | 주소·서울시 마포구 동교로23길 27, 3층(03992) | 전화·2-704-1251
팩스·02-719-1258 | 이메일·editor@chaeksesang.com | 홈페이지·chaeksesang.com
등록 1975년 5월 21일 제2017-000226호
ISBN 978-89-7013-600-4 04000
        978-89-7013-599-1 (세트)

생각하고 토론하는

중국 철학 이야기 ①

고대—혼란 속에서 꿈꾸는 새로운 사회

강신주 지음 | 이영규 그림

생각하고 토론하는

차례 | **중국 철학 이야기 ❶**

고대—혼란 속에서 꿈꾸는 새로운 사회

 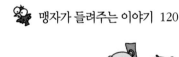

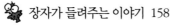

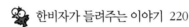

더러운 진흙탕 속에 핀
다채로운 꽃들

중국 고대 철학 이야기에서 배워야 할 것

인류는 발전했는가? 이것은 인간이 동물의 삶으로부터 얼마나 벗어나 있는가라는 질문과 같다. 동물은 약육강식, 즉 약자가 강자의 먹이가 되는 것을 당연한 것으로 받아들인다. 그러나 인간은 동물의 삶에서 벗어나려고 한다. 다시 말해 인간은 약자를 보호하고 강자에게 당당할 수 있는 의지와 자유를 가지려고 한다. 이것이 바로 인간이 존엄한 이유다. 그러나 인간은 약육강식이라는 삶의 양태에서 얼마나 벗어나 있는가?

오늘날에도 여전히 난무하고 있는 전쟁, 살육, 갈등, 대립, 부정의 등을 보면 이 질문에 긍정적으로 답할 수는 없다. 이런 점에서 생각해보면 어쩌면 이것이 인간이라는 종(種)이 걸어갈 수밖에 없는 모습이 아닌가 하는 회의가 들기도 한다. 그렇다고 해서 해결되지 않은 많은 문제를 그대로 둘 수는 없다. 우리의 삶뿐 아니라 앞으로 태어날 우리의 후손을 위해서도 말이다.

돌아보면 인류의 역사는 인간이 스스로 초래한 문제를 해결해온 역사였다고 할 수 있다. 동서양의 위대한 인물들은 삶의 부정적인 요소들을 고발하고, 인간의 가치와 사회의 바람직한 모습을 꿈꾸며 치열하게 사유했다. 그러나 이런 위대한 인간들의 사유와 노력에도 갈등과 대립이 완전히 해소되지 않은 이유는 무엇인가? 그들의 사유가 적절하지 않아서일까? 아니면 그들의 사유는 옳지만 그것을 실천하려는 의지가 부족했기 때문인가? 그것도 아니라면 갈등과 대립이 인간의 숙명이기 때문일까?

철학은 현실에 대한 반성에서 싹트며 현실을 변혁해 좀 더 나은 세계로 만들고자 노력하는 과정에서 발전한다. 따라서 철학은 근본적으로 유토피아적이다. 암울한 현실에서 출발하지만 현재에는 없는 이념을 꿈꾼다. 이는 현실이 암울할수록 철학의 몫이 커진다는 것을 의미한다. 연꽃은 진흙탕 속에서 향내를 더하듯, 인간의 사유는 전쟁, 살육, 고통의 아비규환 속에서 더욱더 치열하게 빛을 발한다. 인간은 지적인 허영이나 현란한 말들이 통용되지 않는 공간에서 더욱 치열하고 정직하게 사유할 수 있다.

나는 어떤 존재이며 어떻게 살아야 하는가, 국가 혹은 더 일반적으로 말해 사회란 무엇이며, 어떻게 구성되어야 하는가, 사회는 인간을 위해 있는가? 이처럼 인간과 사회에 대한 물음은 인간이 짐승과 같이 약육강식에 빠져들 때 비로소 대답을 구하게 된다. 앞으로 살펴볼 제자백가(諸子百家)는 동아시아 문명권에서 인간과 사회의 문제에 대해 숙고하고 나름의 체계적인 해법을 최초로 제시했던 사상가들이다. 우리는 이들 제자백가의 고민과 그 해답에서 무엇인가를 배울 필요가 있다.

동아시아의 사유 전통을 알고 싶은가? 그렇다면 최초로 반성적으로 사유하기 시작한 기원으로 돌아갈 필요가 있다. 최초의 질문과 최초의 대답! 우리가 제자백가에게서 들을 수 있는 것이 바로 이것이다. 처음 던진 질문, 그리고 그 대답은 앞으로 도래할 모든 질문과 대답을 결정할 수밖에 없다. 사실 이후 동아시아의 모든 사상가들은 제자백가가 던졌던 질문과 대답을 출발점으로 삼아 자신의 사유를 전개해왔다. 이 점에서 제자백가의 사유는 동아시아 사유 전통에 메마르지 않는 수원지와 같은 역할을 하고 있다.

그러나 제자백가의 사유에 주목해야 하는 더 중요한 이유는 그들보다 더 깊이 있고 지혜로워지기 위해서다. 우리는 그들의 사유와 행동을 반복하려 해서도 안 되고 또한 반복할 수도 없다. 우리는 제자백가와 달라지기 위해서 그들의 사유에 주목해야 한다. 따라서 이 책에서는 제자백가가 던지는 질문과 대답이 어떤 가능성과 한계를 가지는지를 알아볼 것이다. 그것을 통해 우리는 새롭게 변해가는 삶과 사회에 대해 새로운 사유를 모색할 준비를 갖추게 될 것이다. 이 점에서 지금 우리가 제자백가의 이야기

를 경청하는 것은 우리에게 그들의 사유를 근본적으로 극복하려는 의지를 보이는 것이라 할 수 있다.

이제부터 중국 고대 철학 이야기라는 이름으로 제자백가의 이야기에 귀를 기울여보자. 그러나 이 짧은 지면에 그들 모두를 다룰 수는 없다. 춘추전국(春秋戰國)시대에 활동했던 사상가 중 당시의 영향력과 후대에 끼친 영향을 종합적으로 고려해 이 책에서는 열두 명만을 선정해서 그들의 사상 중 가장 중요한 면만을 철학적으로 음미해보려 한다. 이 책의 목표는 우리가 그들에게서 듣고 싶었던 이야기를 찾아내는 것이 아니라 그들로 하여금 자신들이 진정으로 하고 싶었던 이야기를 하게 하는 데 있다. 그래서 독자들은 이 책에서 다소 생경한 목소리를 들을지도 모르겠다. 하지만 그것은 제자백가의 문제가 아니라 우리의 이해가 부족하기 때문에 생기는 현상이다.

이러한 점을 보완하기 위해 열두 명의 사상가를 다루는 말미에 그들 사상의 정수를 담고 있다고 생각되는 원문을 직접 맛보는 코너를 마련했다. 만약 이 책이 제자백가로 하여금 스스로 말하게 만들겠다는 의도가 성공적이라면, 독자들은 그들의 원문을 읽어봄으로써 그들 사유의 온기를 생생하게 체험할 수 있을 것이다.

우선 열두 명으로 압축된 제자백가의 이야기를 듣기에 앞서 그들이 살았던 춘추전국시대를 살펴보도록 하자. 그들이 살았던 환경을 이해하는 것은, 그들을 이해하는 데 반드시 거쳐야 할 첫걸음일 수밖에 없다.

춘추전국시대

제자백가가 활동하던 시기인 춘추전국시대는 중국 은(殷)나라를 이어 중국 대륙을 통치했던 왕조인 주(周)나라가 견융이라는 서북방 부족의 침입으로 동쪽으로 수도를 옮긴 때부터 진(秦)나라가 천하를 통일할 때까지의 시기를 가리킨다. 기원전 770년 주나라 13대 왕이었던 평왕(平王)은 수도를 호에서 동쪽으로 옮겨 낙읍에 새 수도를 정하게 된다. 그러나 이것은 평화로운 수도 이전과는 거리가 멀다. 이미 이전의 수도 호는 견융의 침입으로 복구가

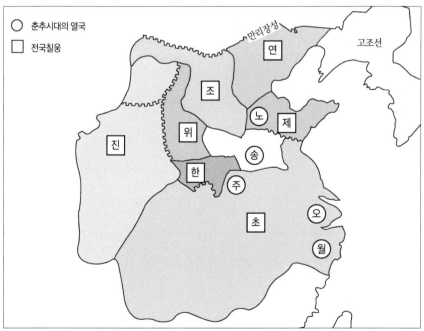

춘추전국시대

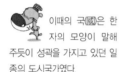

춘추시대라는 명칭은 공자(孔子)가 지었다고 하는 《춘추(春秋)》라는 역사서에서, 전국시대라는 명칭은 《전국책(戰國策)》이라는 역사서에서 유래한 것이다. 《춘추》는 노(魯)나라의 역사 가운데서 기원전 722년부터 기원전 481년까지 242년간의 역사를 연대기 순으로 다룬 책이다. 《전국책》은 전국 시대의 한 분파인 종횡가(縱橫家)가 제후에게 논한 책략을 한(漢)나라의 학자 유향(劉向)이 나라별로 모아 엮은 책이다.

이때의 국(國)은 한자의 모양이 말해주듯이 성곽을 가지고 있던 일종의 도시국가였다.

《춘추》

불가능할 정도로 파괴되었다. 역사가들은 이 천도를 기준으로 해서 기원전 770년 이전의 시기는 서주(西周)시대로, 그 이후의 시기는 동주(東周)시대로 구분한다. 동주시대는 주의 천도 이후 기원전 221년 진나라가 천하를 통일할 때까지의 시기로서 춘추시대(기원전 770~403)라는 전반기와 전국시대(기원전 403~221)라는 후반기로 양분되기 때문에 춘추전국시대라고 불리기도 했다.

언제 춘추시대가 끝나고 전국시대가 시작되었는지는 중요하지 않다. 중요한 것은, 서주시대가 막을 내리고 춘추전국시대가 시작되면서 힘의 중심축이 사라져버렸다는 사실이다. 간신히 명맥을 유지하고 있던 주나라의 영향력이 쇠락하고 수많은 제후국(諸侯國)이 패권을 다투었고, 제후국은 생존을 위해 독자적으로 부국강병을 도모할 수밖에 없었다.

서주시대 주나라로부터 분봉된 제후국의 수는 자그마치 1,500개 정도였다. 그러나 서주시대 중기부터 주나라는 대부분의 제후국을 거의 통제할 수 없게 된다. 주나라의 군사력과 경제력이 쇠퇴한 데 비해 제후국들은 주나라를 압도하는 군사력과 경제력을 확보했기 때문이다. 제후국들이 자신들의 개별 영토를 지속적으로 확장한 결과, 춘추시대 초기에 제후국의 수는 170개 정도로 줄어들었다. 사실 전국시대 일곱 강대국은 이 병탄의 과정에서 최종적으로 남은 제후국에 지나지 않는다. 그러나 이 과정에서 고대 중국은 전혀 다른 국가체제로 조용히 이행하고 있었다.

춘추시대의 전쟁에서는 큰 규모의 전투라고 해도 많아야 3만 명 정도가 동원되었을 뿐이다. 그러나 전국시대의 경우 약소국이었던 한(韓)나라나 위(魏)나라가 보유하고 있던 병력의 수가 30만 명에 이르렀고, 진나라와 초(楚)나라 같은 강대국은 거의 100만에 달하는 병력을 보유하고 있었다. 이것은 춘추시대를 거쳐서 전국시대에 이르러 제후국들이 읍제국가를 탈피하고 영토국가로 들어가 자신의 영토 안에 거주하던 모든 읍민을 철저하게 통제하고 동원할 수 있게 되었다는 것을 의미한다. 이 점에서 춘추전국시대는 한마디로 생존을 위해 몸부림치던 시대였다.

진나라가 천하를 통일할 때까지 이런 약육강식의 논리는 계속해

'읍제국가'로 유지되던 서주시대와 달리 춘추전국시대는 '영토국가' 형태로 이행하는 과도기였다. 읍제국가하에서 비읍(鄙邑, 읍제국가의 행정구역)의 민중(民)은 제후국에 공물을 바치는 정도로 간접적으로 지배를 받았으며, 영토국가에서 비읍민은 제후국에 의해 직접적으로 통제받고 지배받음으로써 중요한 경제적·군사적 기반으로 기능했다.

서 강화되었다. 이런 와중에 새로운 사회와 인간을 꿈꾸던 사상가들이 바로 제자백가라고 불리는 고대 중국의 철학자들이다. 사실 약육강식의 논리는 기본적으로 야만의 논리라고 할 수 있다. 문명을 지향하는 논리는 이와는 반대로 약자를 보호하고 강자를 억제하려고 한다. 이 점에서 제자백가는 크게 다음과 같은 두 가지 극한적인 사상적 경향 사이에서 움직이고 있다. 하나의 극한은 야만을 어찌할 수 없는 현실로 받아들였던 손자(孫子), 오자(吳子), 한비자(韓非子) 등의 사상이고, 다른 하나의 극한은 야만을 근본적으로 극복하고 문명을 지향하려고 했던 양주(楊朱), 장자(莊子) 등과 같은 사상이다. 유가(儒家)를 포함한 나머지 제자백가는 모두 이 두 극한 사이에 있다고 할 수 있다. 이제 구체적으로 이 책에서 다룰 매력적인 제자백가 열두 명의 개성을 살짝 확인해보도록 하자.

제자백가, 고대 중국의 철학자들

춘추전국시대는 제후국 간의 역학 관계와 국가 체제뿐 아니라 사회·문화적으로도 큰 변화가 일어난 시기다. 기원전 11세기 이래 혈연 중심적인 귀족사회를 기반으로 유지되어온 서주 사회가 무너지고 춘추시대로 접어들면서, 지식인[士] 중심의 새로운 중앙집권적 관료제가 태동하게 된다. 이런 사회적 변화는 서주시대의 전통적인 행동양식인 '예(禮)'의 파괴와 새로운 사회 규범인 '법(法)'의 대두로 집약된다. 따라서 당시의 지식인들은 일단 과거의 전통을 고집하고 새로운 질서를 경계하는 보수적인 입장과 옛 제도를 부정하고 그것을 혁신하려는 진보적인 입장으로 명확하게 나뉘어 서로 대립했다. 전자는 '유학 지식인' 즉 유가이고, 후자는 바로 '관료 지식인', 즉 법가(法家)다.

서주시대의 화병(기원전 4~3세기경에 제작된 것으로 추정). 대영박물관. GNU Free Documentation License

법가가 새롭게 정당화하려고 했던 법은 군주와 국가의 이익을 대변하는 통치수단이었다. 그들은 법을 통해 군주를 중심으로 하는 일원적 지배체제를 구축하려고 했다. 반면 춘추시대 말기에 활동했던 공자(孔子)는 '주나라의 전통 예절[周禮]'의 파괴를 사회적 혼란의 주된 원인으로 간주했다. 그리고 새롭게 대두한 지식인 계층에게 주례(周禮)를 가르침으로써 자신이 절대적인 이상으로 생각했던 주나라의 사회질서를 회복하고자 했다. 이 점에서 공자는 시대의 흐름에 저항하는 보수적인 입장이었다고 할 수 있다.

공자의 소망과 달리 전국시대에 들어 전체 사회는 더욱더 치열한 부국강병의 길로 내달았다. 당연히 전쟁에서 승리하는 방법이 군주들의 초미의 관심사가 되었다. 이런 시대적 요구에 응해, 전쟁에 승리하는 방법을 제안했던 학파가 바로 병가(兵家)다. 병가의 대표적인 인물은 바로 손자와 오자다. 그러나 두 사람이 제안하는 승리 방정식은 전혀 달랐다. 손자는 법가가 추구한 법치(法治)의 논리를 병법에 적용한 반면, 오자는 공자가 제안한 덕치(德治)의 논리를 병법에 이용했다. 이것은 결국 법가와 유가의 사유가 중국 고대 사회를 이끌어가는 강력한 사유였다는 것을 말해준다.

전국시대 중기에 들어서면서 공자의 꿈은 많은 지식인들에게 조롱거리가 되어, 마침내 유학 사상이 죽은 개 취급을 받게 되는 상황에까지 이른다. 유학 사상을 공격했던 중요한 사상가 집단으로는 묵자(墨子)와 양주를 들 수 있다. 묵자는 공자가 차별적인 사랑을 강조하고 있다고 비판했다. 그리고 그는 차별적인 사랑이 사회적 혼란을 가중시킨다고 보고, 사회적 혼란을 막는 방법으로 사람들이 '타인을 차별 없이 사랑할 것〔兼愛〕'을 주장했다. 반면 양주는 유학 사상이 개인의 삶보다 명분을 강조하고 있다고 비판했다. 나아가 모든 사람이 다른 사람들을 위한다는 거창한 명분으로 살고 있기 때문에 사회적 혼란이 발생한다고 지적하고, 사람들이

'소박하게 자기의 삶만을 돌본다면(爲我)' 사회적 혼란은 저절로 해소될 것이라고 주장했다.

묵가(墨家)와 양주 학파의 사상이 설득력을 얻어감에 따라, 주례를 복원하고자 했던 공자의 사상은 힘을 잃어갔다. 이때 등장한 유학 옹호자가 바로 맹자(孟子)다. 그는 유학을 철학적으로 체계화했던 이론가이자 진정한 유학의 변호인이었다. 그는 묵가와 양주 학파의 사상으로부터 유학 사상을 변호했을 뿐 아니라, 계속 힘을 얻어가는 법가의 사상 경향, 즉 군주권력의 절대화와 부국강병 노선을 견제하려고 애썼다. 그러나 맹자의 노력에도 불구하고 묵가와 양주 학파의 영향력은 조금도 줄지를 않았다.

더욱이 전국시대 중기에는 혜시(惠施)와 공손룡(公孫龍)을 필두로 하는 명가(名家)의 언어철학적 사유, 유가의 덕치와 법가의 법치를 종합하고자 한 노자(老子)의 정치철학적 사유, 양주를 계승해 삶과 타자를 철학적으로 숙고한 장자의 삶의 철학 등 새로운 사유가 더욱 세련된 체계를 가지고 우후죽순처럼 출현하게 된다. 맹자가 살았던 전국시대 중기는 그야말로 백가쟁명(百家爭鳴), 백화제방(百花齊放)의 시기였던 셈이다. 이런 사상의 황금기를 주도했던 곳이 바로 제(齊)나라 수도 임치에 세워졌던 직하학궁(稷下學宮)이다. 제자백가가 총집결했던 직하학궁의 지도자는 성악설(性惡說)로 유명한 순자(荀子)였다. 제자백가의 총수 역할을 수행했던 사실에서 알 수 있듯, 순자는 다양한 사상을 중재하고 여러 사상의 장점을 흡수하여 유학 사상을 참신하게 개조했다.

중국의 아리스토텔레스라고 불리는 순자는 제자백가 사상의 종합자로서 고대 중국 사상계에 화려하게 자신의 족적을 남긴다. 비록 인간과 사회를 현실주의적인 측면에서 이해했다고 할지라도, 순자는 한 번도 자신이 공자의 후계자라는 사실을 잊은 적 없었다. 그러나 이미 그는 공자로 대표되는 전통 유학 사상에서 너무나 멀리 벗어나 있었다. 그의 제자 중 한 사람이 법가 사상을 집대성하여 진시황(秦始皇)이 천하를 통일하는 데 이념적 기초를 제공했던 한비자였다는 사실이 이 점을 단적으로 말해준다. 한비자는 자신의 스승 순자에게서 현실주의적 사유를 배움으로써 자신의 스승이 이상으로 여겼던 공자의 유학 사상을 부정하게 되었다.

강력한 통일국가의 출현은 자유로운 사상을 근본적으로 불가능하게 만든다. 진시황은 자신이 구축한 대제국을 유지하기 위해서 다양한 학설들이 국가통치에 장애가 된다고 생각하여 사상의 자유를 억압했다. 흥미로운 것은 국가권력에 의한 사상의 통일이 불가피하다고 역설했던 사람이 바로 한비자였다는 점이다. 그러나 한비자 본인이 법가 사상을 집대성할 수 있었던 배경은 무엇이었나? 그가 자유로운 사유가 가능했던 전국시대에 살았기 때문은 아닐까? 마지막 제자백가라고 할 수 있는 한비자의 아이러니는 바로 여기에 있다.

한비자의 법가 사상이 진시황의 천하통일에 이념적 기초를 제공함에 따라, 공자에서 시작되어 춘추전국시대를 풍미했던 제자백가의 사유는 마무리된

진시황(재위 기간 기원전 247~210)은 전국시대의 최종적인 승리자였다. 천하를 통일한 후 법가의 가르침에 따라 농업을 경제의 근본으로 삼았으며, 모든 도량형을 통일했고 표준화폐를 사용했다. 그의 가장 큰 공은 중국이라는 정체성 형성을 가능하게 한 문자의 통일이다.

진시황

다. 그러나 이후 제자백가의 영향력은 조금도 줄어들지 않는다. 오히려 그들의 사유는 동아시아 철학적 사유의 원형으로 확고하게 자리매김하게 된다. 이로 인해 중국을 포함한 동아시아의 모든 탁월한 사상가들은 예외 없이 제자백가를 독해함으로써 자신의 사유를 시작하고 있다. 오늘날에도 사정은 마찬가지다. 현재의 삶을 철학적으로 반성하고 그 대안을 모색하려는 사람은 제자백가가 남겨놓은 이야기를 다시 꺼내들기 때문이다.

제1장

공자—
자신을 극복하여 예를 회복하자

1. 주나라의 이상을 되살리고자 한 공자

공자는 춘추시대 말기(기원전 551~479) 노나라 사람이다. 이름은 구(丘)이고 자는 중니(仲尼)다.

《사기(史記)》는 사마천(司馬遷, 기원전 145~90?)이라는 탁월한 역사가의 피와 땀으로 만들어진 역사서다. 《사기》에는 삼황오제(三皇五帝)라는 과거의 전설적인 시대로부터 자신이 살고 있던 한나라 초에 이르기까지의 중요한 사건들이 기록되어 있어서, 춘추전국시대의 사회·정치·경제·사상을 알 수 있는 가장 기초적인 자료다.

공자는 중국 역사상 최초의 철학자라고 평가받고 있다. 그러나 사실 이런 평가는 한나라 이후 사상의 패권을 잡게 된 유학자들이 정당성을 갖기 위한 과정에서 나타난 것이다. 《사기(史記)》를 지은 역사가 사마천(司馬遷)이 공자를 단순한 사상가가 아닌 제후국 군주와 동일하게 다룸으로써 그의 위상은 더욱 올라가게 된다. 더군다나 송(宋)나라 이후 중국 사상계의 패권을 차지한 성리학(性理學) 이후에 이런 경향은 더욱 강화된다. 성리학을 신봉하는 유학자들에게 공자는 거의 신처럼 완전한 성인(聖人)으로서 숭배되기 때문이다. 공자의 사상은 그의 언행을 모아놓은 책 《논어》를 통해 확인할 수 있다. 《논어(論語)》는 공자의 위상과 함께 유학이 2,000여 년 동안 사상적 패권을 차지했던 중국 등 동아시아에서 절대적

가치를 가진 경전으로 인식되어왔다.

송나라의 몰락한 귀족 출신이었던 공자는 어렸을 때부터 집안이 매우 가난하여 젊은 시절 창고 관리직이나 남의 가축을 돌보는 일을 했다. 그러나 그는 귀족들에게만 한정되었던 '육예(六藝)', 즉 예절[禮], 음악[樂], 활쏘기[射], 마차 몰기[御], 글쓰기[書], 점치기[數] 등을 열심히 공부해 주나라의 문화 전통을 계승하게 되었다. 공자는 당시 사회의 변화, 즉 주례의 파괴를 사회적 위기의 원인으로 간주했다. 그래서 그는 주나라의 사회질서가 통용되지 않는 당시 사회를 '천하무도(天下無道)'의 상태로 보았다.

아쉽게도 공자는 새로운 사회를 가능하게 하는 새로운 길[道]을 모색하지 않았다. 오히려 그는 주나라에서 통용되던 길, 즉 주례를 새롭게 만듦으로써 사회적 위기를 극복하려고 했다. 그래서 말년에는 이제 자신이 늙어서 주공(周公)이란 인물을 꿈에서 볼 수 없게 되었다는 것을 한탄하기도 했다. 주공이란 주나라 초기 주례를 만들어서 주나라의 통치제제를 정비했던 인물이다. 이 점에서 주례, 즉 예에 대한 확신, 이것만큼 공자를 공자이게 만드는 키워드는 없을 것이다. 공자 사상의 슬로건이라고 할 수 있는 인(仁), 서(恕), 그리고 정명(正名) 모두 예(禮)를 다시 복원하려는 그의 시도로 이해해야 하는 것도 이런 이유에서다.

《한서(漢書)》〈예문지(藝文志)〉를 보면, 한나라 당시 세 종류의 《논어》 판본이 있었던 것으로 보인다. 20편으로 구성된 《노론(魯論)》, 22편으로 구성된 《제론(齊論)》, 그리고 21편으로 구성된 《고론(古論)》이 그것이다. 오늘날 우리가 주로 읽는 판본은 《노론》이다.

《논어》〈위령공(衛靈公)〉편을 보면 자공(子貢)이라는 제자가 공자에게 평생 동안 시금석이 될 만한 가르침을 청하는 대목이 나온다. 그러자 공자는 "자신이 원하지 않는 것을 남에게도 행하지 말라"는 명령으로 표현되는 서(恕)라는 행위 원리를 제안한다. 후대의 사람들은 이 '恕'라는 한자를 '같다[如]'와 '마음[心]'으로 분해해 "타인의 마음을 나의 마음과 같다고 생각하는 것"이라고 설명하기도 한다.

《논어》〈안연(顔淵)〉편을 보면 제(齊)나라의 경공(景公)이 공자에게 올바른 정치에 대해 묻자, 공자가 정명(正名)이라는 정치 원리를 이야기하는 대목이 나온다. 그에 따르면 정명의 원리는 "임금은 임금답고 신하는 신하다우며 아비는 아비답고 자식은 자식다워야 한다"는 것이다.

2. 예와 인의 진정한 의미

주나라에서는 예라는 행위규범이 잘 지켜져 인간 사회가 조화로운 질서를 유지했다. 반면 공자가 살았던 춘추시대는 예라는 길에서 벗어난 탓에 갈등과 혼란이 발생했다. 그래서 공자는 예를 회복하기만 하면 춘추시대의 혼란이 근본적으로 극복될 수 있다고 확신했다. 그렇다면 주나라 시대에 지켜졌던 예, 즉 주례는 어떻게 실행되었는지 간단히 알아보자. 과연 주나라는 예라는 행위 규범만으로 조화로운 사회를 이룩한 훌륭한 사회였을까? 《예기(禮記)》라는 책에는 우리의 이런 의문에 대답해줄 흥미로운 구절이 등장한다.

예는 서민들에게까지 적용되지 않고, 형벌(刑)은 귀족들에게는 적용되지 않는다.

《예기》, 〈곡례(曲禮) 상〉

동한(東漢)의 학자 정현(鄭玄)이 《의례(儀禮)》, 《주례(周禮)》, 《예기(禮記)》를 각각 구별하여 이것에 주석을 붙였다. 그 뒤부터 이 세 권을 합쳐서 '삼례(三禮)'라고 한다. 《의례》는 관혼상제 등 구체적인 의식을 기록하고, 《주례》는 300여 종에 달하는 관직의 임무를 기록하며, 《예기》는 예의 작용과 의의를 밝히고 있다.

여기서 주목해야 할 것은 주나라 때 예만이 사회질서를 유지하는 원리로 사용된 것이 아니라, 형벌도 마찬가지의 원리로 사용되었다는 점이다. 기본적으로 예가 지배귀족 사이의 위계질서를 유지하고 통치계급 내부의 분열을 막기 위해 적용된 것이라면, 형벌은 평민을 비롯한 피지배층을 통치하는 수단으로 사용되었다.

그렇다면 형벌이 어떤 식으로 사용되었는지 살펴보자. 피지배층이 사회질서를 어지럽혔을 경우 지배층은 그들에게 아주 잔혹한 육체적 형벌을 가했다. 그 육체적 형벌에는 죄의 경중에 따라 얼굴에 문신을 새기는 것, 코를 자르는 것, 생식기를 잘라내는 것, 발뒤꿈치를 잘라내는 것, 사지를 찢어 죽이는 것 등이 있다. 《예기》에 따르면 피지배층에게 가해진 형벌은 3,000가지 이상이다. 이런 점에서 볼 때 공자에게는 문화와 문명의 상징이었던 주나라의 형벌이 의외로 반문화적이고 반문명적임을 알 수 있다. 반면 예는 이런 잔혹한 육체적 형벌과는 판이하게 달랐다. 지배귀족 내부에는 군주와 신하, 부모와 자식, 형과 동생 간의 위계와 서열이 있었고, 이에 따라 의복, 음식, 거주, 상례(喪禮), 결혼 등에 적용되는 예라는 행위규범이 다양하게 실행되었다. 흥미로운 것은 만일 어떤 귀족이 이 예를 어길 경우 그 처벌은 단지 정신적

원나라 진호(陳澔)가 《예기》를 주석한 《예기집설(禮記集說)》

형벌에 불과했다는 점이다. 그러나 정신적 형벌은 말이 형벌이지 사실상 동료 귀족층들이 자신에게 가하는 나쁜 평판에 의한 수치심 정도였다. 한 마디로 예를 어기는 경우 귀족에게는 처벌이랄 것도 없는 조치가 취해졌던 셈이다.

이제 예라는 개념과 함께 공자 사상을 대표하는 인이라는 개념에 대해 알아볼 차례다. 흔히 공자의 핵심 개념인 인 역시 보편적인 사랑으로 이해되고 있다. 그런데 바로 이 점에 공자에 대한 모든 오해가 집중되어 있다. 과연 인은 보편적인 사랑으로 이해될 수 있을까? 우선 공자의 인을 보편적인 사랑이라고 이해하는 사람들이 항상 인용하고 있는 유명한 구절을 살펴보자.

번지(樊遲)가 인에 대해 물었다. 공자는 애인(愛人)이라고 말했다.

《논어》, 〈안연(顔淵)〉

　여기서 애(愛)는 '사랑한다, 아낀다' 라는 뜻을 가진 동사이고, 인(人)은 분명 '인간' 이라는 뜻을 가진 명사로서 목적어다. 그렇다면 공자의 애인은 결국 특정한 어떤 사람을 사랑하고 아끼는 것이 아니라, 모든 인간을 사랑하고 아낀다는 보편적인 사랑을 의미한다고 할 수 있다. 이런 추론 끝에 역대의 많은 연구자들은 공자의 인을 '인간에 대한 보편적 사랑' 이라고 정의한다. 그러나 과연 이 해석은 옳은가? 이것을 확인하기 위해서는 《논어》에서 '애인' 이 어떤 용례로 사용되고 있는지 살펴볼 필요가 있다.

　공자가 말했다. "천승의 국가를 다스릴 때에는 일을 공경히 하여 신뢰가 있어야 하며, 쓰는 것을 절약하여 애인해야 하며, 사민(使民)할 때는 철에 맞게 해야 한다."

《논어》, 〈학이(學而)〉

　여기서 우리는 인간을 가리키는 두 종류의 개념을 만나게 된다. 하나는 애인이라고 할 때의 '인' 이고, 다른 하나는 사민이라고 할 때의 '민' 이다. 흥미로운 것은 당시 '인' 과 '민' 은 정치적 위계가 다른 계급을 가리키는 용어였다는 것이다. 당시의 문헌들을 살펴보면 '노인(魯人)', '진인(晉人)', '제인(齊人)' 이라는 용어가 각각 노나라의 지배층, 진나라의 지배층, 제나라의 지배층을 가리켰다

공자
E. T. C. Werner, *Myths and Legends of China*(1922)

면, '노민(魯民)', '진민(晉民)', '제민(齊民)'이라는 용어는 각각 노나라의 피지배층, 진나라의 피지배층, 제나라의 피지배층을 가리키고 있다. 그리고 각 국가에서 인 계층은 스스로를 '국인(國人)'이라고 불렀는데, 이들은 제후를 대표로 하여 국가의 군사, 제사, 외교 등을 장악하고 아울러 그 국가의 민과 토지를 지배했다. 민은 국가의 토지를 경작하는 직접 생산자였는데, 사료를 살펴보면 민과 토지는 국인의 소유물로 여겨졌던 것 같다. 이처럼 각 제후국의 지배계층을 가리키는 인은 피지배계층인 민을 지배하고 있었다.

따라서 앞에서 본 〈학이〉편에 등장하는 구절은 다음과 같이 이해할 수 있다. "쓰는 것을 절약하여 국인을 사랑해야 하며, 민중을 부릴 때는 철에 맞게 해야 한다." 그러므로 공자가 말한 애인이란 인간에 대한 보편적 사랑이 아니다. 이것은 지배층 내부에만 국한되는 특수한 형태의 사랑에 불과하다. 오히려 군주나 국인들이 다른 국인을 존중하고 아끼는 포용력이나 자애로운 심성, 노골적으로 말해서 지배층으로서 요청되는 너그럽고 포용적인 '귀족의 품성'이나 '고상함nobleness'을 가리킨다.

3. 인한 사람은 예를 초자아로 받아들인 사람이다

예란 지배계층 내부의 품위 있는 행동 규범 일반을 가리킨다. 따라서 공자에게 있어 인한 사람이 된다는 것은 품위 있는 행동을 수

행할 수 있는 귀족적 고상함을 가진 사람이 된다는 것이다. 이것은 인한 사람이 기본적으로 지배계층의 고상한 행동 규범인 예를 실천할 수 있는 사람이기 때문이다. 따라서 인하기 위해서는 반드시 예를 철저하게 익혀야 한다. 예와 인이라는 개념 사이의 밀접한 관계를 이해하기 위해, 먼저 공자와 그의 수제자인 안연(顔淵)의 다음 대화를 살펴보자.

안연이 인에 대해 물었다.
공자가 말했다. "자신의 사사로운 욕심을 이겨 말과 행동이 예에 합치되면〔克己復禮〕 그것이 곧 인이다. 하루라도 그렇게 한다면 온 세상이 인을 따르게 된다. 인을 실천하는 것은 자신에게 달린 것이지, 다른 사람에게 달린 것이 아니다!"

안연이 말했다. "좀 더 상세한 실천 조목을 말씀해주십시오."

공자가 말했다. "예가 아니면 보지 말며, 예가 아니면 듣지 말며, 예가 아니면 말하지 말며, 예가 아니면 행하지 말라."

안연이 말했다. "제가 비록 어리석지만 이 말을 섬기겠습니다."

《논어》, 〈안연〉

공자와 안연의 대화에서 '극기복례'라는 유명한 말이 등장한다. '자신을 이겨서 예를 회복한다'라고 옮길 수 있는 이 말은, 결국 인간이 자신의 욕망을 절제하여 예에 따라 행동해야 한다는 것을 의미한다. 공자는 이렇게 예에 따라 행동하는 주체의 모습을 인이라고 설명한다. 그렇다면 인한 사람이란 예를 내면화해서 그것을 실천하는 사람이라고 정의할 수 있다. 이론적으로 학습한 '주나라의 예'에 입각해서 자신의 모든 생활을 영위해나가면, 어느 순간 주체 안에는 예가 하나의 초자아superego로서 자리 잡게 될 것이다. 그러면 주체는 단순히 머리로만 예를 아는 것이 아니라, 자신의 삶 자체를 예의 실현인 것처럼 영위하게 된다. 결국 예는 하나의 공허한 형식이 아니라 마치 살아 있는 것과 같은 존재가 된다. 공자는 이렇듯 예가 철저하게 내면화된 주체를 인한 사람이라고 불렀다.

보통 우리가 사랑이라고 부르는 인이 무차별적이고 무제약적인 사랑이 아닌 이유도 바로 여기에 있다. 인한 사람은 예라는 행위규범을 내면의 초자아로서 받아들인 사람이지 무조건적으로 타인을 사랑하는 사람이 아니다. 따라서 설령 인이 사랑이라고 번역될 수 있다고 해도, 그 사랑은 기본적으로 예라는 행위 규범의 규정을 따르는 사랑이다. 다시 말해 공자에게 있어 인은 '예라는 행위 규범에 입각한 윤리적 사랑'이다. 공자의 다음 말은 이러한 해석을 확증해준다.

공자가 말했다. "오직 인한 사람만이 남을 좋아할 수도 있

 정신분석학의 가장 큰 공로는 인간을 지배하는 무의식을 발견했다는 데 있다. 그리고 이를 통해 자유의지나 이성이 인간의 모든 판단과 행동의 기초라는 통념을 붕괴시켰다. 정신분석학은 인간의 원초적 욕망이 무의식을 구성하며, 사회화 과정은 인간의 내면에 '초자아'를 형성한다고 보고 있다.

고, 남을 미워할 수도 있다."

《논어》, 〈이인(里仁)〉

인한 사람은 남을 미워할 수 있다. 그런데 왜 인한 사람이 타인을 미워하게 되는가? 그것은 그 타인이 예에 맞지 않는 행위를 했기 때문이다. 아마도 그 타인은 자신의 부모에게 불효했거나, 군주에게 불충했거나, 형제에게 공손하지 않았을 것이다. 결국 자신의 제2의 천성처럼 내면화된 예를 지닌 인한 사람은 그 예에 맞게 행동하는 사람은 좋아하지만, 그렇지 않은 사람은 미워한다는 것이다.

4. 현실로부터의 초연함

앞서 말한 바처럼 예를 학습함으로써 얻어지는 귀족적 고상함이 바로 인이다. 공자의 이야기에서 중요한 것은 그가 귀족적 고상함과 포용력으로 국인을 상대할 때 지배층은 조화로운 관계가 될 수 있고, 나아가 지배층의 조화와 단결이 피지배층의 자발적인 복종을 유발하는 힘을 가지게 될 것이라고 확신했다는 점이다. 안연처럼 인간이 자신을 이겨서 예를 회복할 수만 있다면, 그리고 이런 인한 사람이 실제로 정치를 담당할 수만 있다면, 춘추시대의 모든 혼란과 어둠은 눈 녹듯이 소멸될 것이라고 판단한 것이다. 결국 자신의 내면뿐만 아니라 생활 자체도 귀족적 고상함을 유지할 수 있어야 인한 사람이 되고, 나아가 정치를 담당할 수 있는 자격을 확보할 수 있다. 공자는 이렇게 준비된 사람 혹은 인격을 '군자(君子)'라고 말한다.

> 군자가 인을 버린다면 어디에서 군자라는 이름을 달성하겠
> 는가? 군자는 밥 먹는 동안이라도 인을 어기지 않으니, 잠시
> 동안이라도 꼭 인을 지키고 위험한 상황에서도 꼭 인을 지
> 켜야 한다.
>
> 《논어》, 〈이인〉

한 순간이라도 인을 떠난다면, 군자는 귀족적 고상함을 상실하고 바로 민중의 천박함으로 떨어지게 된다. 그러나 생계가 막막할 때나 위험한 상황이 벌어졌을 때 귀족적 고상함을 유지하기는 거의 불가능하다. 그래서 공자가 권고하는 군자 혹은 인한 사람에게는 비극적인 면이 있다. 공자의 말에 따르면 군자는 굶어죽더라도 자신의 귀족적 품위를 지키려고 노력해야 하고, 목에 칼이 들어오는 순간이라도 귀족적 품위를 지켜야 한다. 《논어》를 보면 삶의 어떤 역경에도 귀족적 고상함을 잃지 않았던 인물이 등장한다. 바로 공자의 수제자였던 안연, 은나라의 마지막 충신인 미자(微子), 기자(箕子), 비간(比干)이다.

은나라의 마지막 임금인 주왕(紂王)의 폭정이 계속되자, 비간과 미자는 그에게 선정을 베풀 것을 간언했다. 그러나 주왕이 이 간언을 듣지 않자 미자는 은나라를 떠나버렸다. 이후 비간은 다시 충언을 올렸다. 이에 화가 난 주왕은 비간을 죽여 심장을 도려냈다. 이것을 본 기자는 미친 척하며 남의 집 노예로 숨어 있었다고 한다.

공자가 말했다. "훌륭하구나. 안회(顏回)여! 한 그릇의 밥과 한 바가지의 물로 누추한 마을에 산다면 남들은 그 근심을 견디지 못하는데, 안회는 그 즐거움을 바꾸지 않는구나. 훌

안회는 안연의 다른 이름이다.

륭하구나. 안회여!"

《논어》, 〈옹야(雍也)〉

미자는 떠나갔고, 기자는 노예가 되었으며, 비간은 간언하다
가 죽었다. 공자는 "은나라에는 인한 자가 세 사람 있었다"
고 말했다.

《논어》, 〈미자(微子)〉

공자의 수제자 안연은 경제적 곤궁에도 귀족적 고귀함과 여유를
잃지 않았던 인물이다. 사실 그는 "가난함에도 편안해하며 도를
즐긴다"는 안빈낙도(安貧樂道)의 상징적인 인물로 유명하다. 공자

가 안연을 그토록 좋아했던 이
유는, 생활고에도 불구하고 인
을 조금도 잃지 않았던 안연은
이미 군자이자 인한 사람이었
기 때문이다. 또한 공자는 미
자, 기자, 비간을 인한 자라고
규정한다. 그런데 이 세 명의
충신은 죽음을 무릅쓰고 은나
라의 폭군 주왕(紂王)에게 간

은나라 유적지

언을 하면서도 자신들의 말이 용인될 것이라고는 전혀 기대하지
않았다. 그들은 단지 자신들의 귀족적 고상함을 지키기 위해서 간
언을 했던 것이다. 여기서 공자는 인과 삶의 이분법, 이념과 삶의
이분법을 제안한다. 아직도 인구에 회자되고 있는 유명한 구절
'살신성인(殺身成仁)'이 바로 그것이다.

> 공자가 말했다. "뜻있는 선비와 인한 사람은 삶을 추구하기
> 위해 인을 해치는 일이 없고, 자신을 죽여서라도 인을 이룩
> 한다[殺身成仁]."
>
> 《논어》, 〈위령공(衛靈公)〉

만약 삶이 인과 부합된다면 삶은 영위할 가치가 있다. 그렇지 않
다면 과감하게 삶을 버려야 한다는 것이다. 그러나 우리는 삶보다
이념을 중시하는 공자에게서 이상한 가치 전도를 발견하게 된다.

인간은 어떻게 인하게 될 수 있는가? 앞에서 살펴본 것처럼 그것은 인간이 주체적인 노력에 의해서 예를 내면의 초자아로 받아들여야만 가능하다. 그렇다면 논점은 예가 어떤 성격을 가지고 있는지에 달려 있다. 은나라를 멸망시키고 지배층이 된 주나라 사람들은 자신들을 피지배층과 구별하기 위해서, 동시에 지배층 내부의 조화를 도모하기 위해서 예라는 복잡한 행위 규범을 만들었다. 주나라 지배층은 정치적·군사적으로 압도적인 자신들의 권력을 예로 치장했던 것이다.

만약 이들 중 누군가가 모종의 정치적 사건으로 인해 작위가 박탈되어 피지배층으로 전락했다고 하자. 이 경우 그 사람은 일반 민중처럼 스스로 농사를 지어야만 삶을 유지할 수 있다. 그런데도 이 사람이 피지배층의 일이라고 농사짓기를 거부한다면, 우리는 이 사람을 어떻게 평가해야 할까?

공자 자신뿐 아니라 그가 가르쳤던 제자는 대부분 사실상 정치적·경제적 권력을 가지지 못했다. 그럼에도 공자는 그들에게 주나라 귀족의 행위 규범을 배우고 익혀서 내면적 고상함을 유지하라고 가르쳤다. 바로 여기서 현실과 이념의 괴리가 생긴다. 권력자가 입던 옷을 주워 입는다고 해서 권력자가 되는 것은 아니다. 그럼에도 공자는 결코 이 옷을 벗지 말라고 평생 역설했다. 이러한 주장의 기반에는 언젠가는 자신도 권력자가 될 수 있으리라는 소망이 깔려 있는 것은 아닐까?

5. 공자, 중국 사상의 원류가 되다

공자는 춘추시대라는 시대 분위기에 비추어보면 쇠퇴하고 있는 주나라 문명을 동경하던 일종의 보수주의자에 불과하다고 할 수 있다. 이 점에서 공자가 위대해진 이유는 그가 위대했다기보다는 오히려 그가 위대했으면 하고 바랐던 그의 후배 유학자들의 노력 때문이었다고 할 수 있다. 공자에 대한 과장된 이해의 원인은 2,000여 년 동안 중국 사상사의 주류가 유학이었으며, 나아가 공자를 계승한 유학자들이 그를 신격화하려고 했다는 데서 찾을 수 있다. 그럼에도 불구하고 이 책에서 공자를 제일 앞서 다루는 이유는, 그의 뒤를 이은 사상가들이 공자를 비판적으로 독해하면서 자신의 사유를 전개하기 때문이다. 만약 이런 이유라고 한다면, 그가 중국 최초의 철학자라는 주장도 옳을 수 있다.

공자의 묘
GNU Free Documentation
License

최초의 철학자로 알려져 있듯이 공자의 유학 사상은 후대 중국 철학사에 직·간접적으로 강력한 힘을 행사하게 된다. 사실 제자백가 중에서 공자의 사상을 진지하게 숙고하지 않았던 사상가는 거의 없을 정도다. 이 점에서 춘추전국시대에 전개된 다양한 사상을 이해하는 데 있어, 공자의 사상은 핵심적인 역할을 담당한다. 예를 들어 묵자, 양주, 장자, 한비자 등은 공자의 사상을 비판했던 사상가이고, 맹자나 순자는 그의 사상을 정당화했던 사상가다. 그러나 한나라 이후 공자가 성인으로 신성시되면서 그에 대한 비판적 독해가 금기시된다. 아쉬운 것은 이런 비학문적인 태도가 서양 문명을 접한 뒤에도 여전히 지속되어 오늘에까지 이르고 있다는 점이다.

아직도 많은 사람들은 예와 인을 중심으로 전개되는 공자의 사상을 절대적인 진리처럼 이해하고 있다. 그러나 공자 사상의 핵심이라고 할 수 있는 예나 인이라는 개념은, 지배층을 의미하는 인과 피지배층을 의미하는 민이라는 정치적 위계질서를 전제해야만 제대로 이해될 수 있다. 그의 예와 인은 지배층이나 지배층으로 상승하려는 지식인들에게만 제안되었던 덕목이었기 때문이다. 그렇다면 공자의 사상은 지금 완전히 폐기되어도 좋을 낡은 사상인 것일까? 그러나 이런 평가는 지나치게 성급한 것일 수 있다. 만약 공자가 자명하다고 생각하고 있던 차별적인 신분 의식을 그의 사유에서 제거할 수만 있다면, 그가 강조하고 있는 인이라는 덕목은 여전히 유효한 윤리적 의의를 가지기 때문이다.

공자가 들려주는 이야기

공자가 말했다. "여자와 소인은 기르기가 어렵다. 가까이 하면 불손하고, 멀리 하면 원망을 한다."

《논어》, 〈양화(陽貨)〉

子曰, 唯女子與小人爲難養也, 近之則不孫, 遠之則怨.

한자 풀이

難(난) : 하기 어렵다

孫(손) : 공손하다

깊이 읽기

위대한 공자에게도 어찌할 수 없는 두 부류의 사람이 있었던 셈이다. 하나는 육체 노동에 종사하는 피지배층 즉 '소인'이며, 다른 하나는 육체적 관계를 통해서 자식을 생산하는 '여자'다. 바로 이 소인과 여자라는 존재가 공자가 말하는 '서'의 윤리 원칙에 적용되지 않는 존재다. 이것은 소인과 여자가 절대적 규범으로 간주된 공자의 예라는 규범 바깥에 존재하는 타자였다는 것을 말해준다. 앞에서 살펴본 것처럼 공자가 예의 기원이라고 간주했던 '주나라의 예[周禮]'는 가부장적 종법 제도에 의해 규정되는 지배층 내부의 행위 규범이다. 종법 사회란 국가질서가 기본적으로 가족질서에 의해 유지되는 사회, '대종(大宗)'과 '소종(小宗)'이라는 복잡한 구조로 이루어진 사회를 말한다. 주나라는 천자(天子)로부터 사(士)에 이르기까지 한 단계씩 아래로 분봉(分封)하는 방식으로 지배층이 구성되었던 사회다. 천자의 자리는 그의 맏아들이 계승하여 조상들에 대한 제사를 책임지는데, 이 맏아들을 '대종'이라고 부른다. 반면 이 맏아들의 동생이나 계모의 형제들은 '제후'로 봉해졌는데, 이들이 바로 '소종'이다. 한 단계 밑으로 가면 '제후' 자리는 다시 그의 맏아들이 계승하는데, 이번에는 이 맏아들이 바로 '대종'이 된다. 반면 제후 맏아들의 동생이나 계모의 형제들은 '경·대부(卿·大夫)'로 봉해졌는데, 이번에는 이들이 바로 '소종'이 된다. 다시 한 단계 밑으로 가면, '경·대부'의 지위는 그의 맏아들이 계승하는데, 이들이 이번에는 '대종'이 된다. 반면 '경·대부'의 맏아들의 동생이나 계모의 형제들은 '사'로 봉해졌는데, 이번에는 이들이 '소종'이 된다. 결국 주나라의 지배층, 즉 천자, 제후, 경·대부, 사로 이어지는 피라미드 조직은 사실상 하나의 거대한 가족인 셈이다. 바로 이 거대가족 사이의 행위 규범이 주례다. 따라서 주례에서는 애초부터 피지배층인 소인에 대한 고려도, 가부장적 종법 제도 바깥에 있는 여자에 대한 고려도 배제될 수밖에 없었다.

더 읽어볼 만한 책

공자, 《논어》, 김학주 옮김(서울대학교출판부, 2003)

《논어》에 대한 번역서는 시중에 헤아릴 수 없이 많이 출판되어 있다. 그러나 대부분 성리학자 주희(朱熹)의 해석에 물들어 있다. 중국 고대어를 전공한 학자로서 역자는 가능한 한 춘추시대의 맥락에 맞게 《논어》를 해석하려고 진지한 노력을 기울이고 있다. 특히 이 번역서 앞부분에는 공자와 《논어》에 대한 정보가 충실히 실려 있어서 많은 도움을 준다. 이 《논어》 번역서가 가진 가장 큰 미덕은 상세한 주석이 달린 원문이 번역문과 함께 병기되어 있고, 나아가 이해하기 어려운 구절을 쉽게 이해할 수 있도록 친절하게 해설하고 있다는 점이다.

신정근, 《사람다움의 발견》(이학사, 2005)

예나 지금이나 많은 사람들은 공자 사상의 핵심을 인이라고 알고 있고, 또 그렇게 이야기하고 있다. 그러나 아쉽게도 그들은 다음과 같은 질문을 받으면 당황하게 된다. "도대체 당신이 번번이 이야기하고 있는 인이란 무엇인가?" 이런 단순한 질문에도 쉽게 대답하지 못하고 주저한다면, 우리는 공자를 안다고 자임하기 어렵다. 지금 가장 주목받는 동양철학자 신정근은 이런 난처한 질문에 정면으로 맞서 그 대답을 집요하게 추적하고 있다. 2,000여 년 동안 이루어진 두터운 해석의 먼지를 걷어내고, 공자가 생각하고 있던 인으로 접근해가려는 저자의 논의는, 동양철학에 관심을 갖는 이라면 결코 우회할 수 없는 고개다.

전인갑 외, 《공자, 현대중국을 가로지르다》(새물결, 2006)

중국에서 공자는 여전히 살아 있다는 것을 보여주는 역작이다. 저자들에 따르면 마르크스주의나 서양 자본주의를 받아들였다고 할지라도, 중국의 정치·사회·경제에는 공자와 그의 담론이 지속적이고 지배적인 역할을 담당하고 있었다. 흥미로운 것은 공자의 부활이 중국 집권층에 의해 의식적으로 이루어지고 있다는 점이다. 중국인의 자기 정체성과 중국 사회의 통일성을 확보하기 위해 공자가 하나의 아이콘처럼 필요했기 때문이다. 이 책은 크게 두 부분으로 구성되어 있는데, 그 하나는 '일상 속에서의 공자'이고 다른 하나는 '기획된 공자'다. 저자들은 전자에서는 현대 중국의 일상생활 속에서 공자가 어떻게 기능하고 있는지를, 후자에서는 중국 정부가 공자를 어떻게 정치적으로 활용하고 있는지를 흥미진진하게 해명하고 있다.

제2장

손자와 오자—
전쟁에서 승리하는 두 가지 방법

1. 전쟁의 소용돌이 속에서 인간을 읽다

손자는 춘추시대 말기의 제나라 사람으로 《사기》에 따르면 이름은 손무(孫武)라고 한다.

《손자병법(孫子兵法)》의 저자로 유명한 손자는 오(吳)나라 왕 합려(闔廬)를 도와 오나라를 부국강병 하는 데 기여한 인물이다. 그가 합려에게 헌정한 병법 13편이 바로 《손자병법》이다. 이 책을 병서의 대명사로 만든 인물이 바로 유비, 손권과 함께 삼국시대를 풍미했던 조조(曹操)다. 조조는 이 책을 최초로 주석해서 남긴 사람으로 유명하다. 현대에 있어서는 마오쩌둥(毛澤東)이 공산혁명을 수행할 때 이 책을 손에서 떼어놓지 않았다고 한다.

오자는 전국시대 위나라 사람 오기(吳起)라고 전한다.

손자보다 약간 후대의 인물인 오자는 공자의 제자인 증자(曾子)에게서 학문을 배웠지만 평소에 병법을 매우 좋아했다. 오자는 위나라의 문후(文侯)를 도와 위나라를 강력한 국가로 만들었지만, 모함으로 인해 초나라로 망명했다. 초나라의 재상이 된 오자는 초나라 정치를 개혁하려다 이에 반발하던 기득권 세력에 의해 살해당하고 만다. 오자의 병법은 《오자(吳子)》에 실려 있는데, 이 책은 그가 위나라에 있을 때 문후와 병법에 대해 논의한 내용을 담고 있다.

조조

춘추전국시대는 제자백가로 상징되는 다양한 사상가가 활동하던 시대였다. 그러나 다양한 사상이 모색되었다는 것은 이 시대가 그만큼 갈등, 대립, 살육으로 무질서했던 시기였음을 말한다. 춘추전국시대는 1,500여 개의 국가가 약육강식의 전쟁을 치른 끝에 7개의 국가로 병합되는 과정으로, 늘 전쟁의 위험에 노출되어 있었다. 언제 다른 나라에 병합될지 모른다는 두려움 속에서, 군주는 부국강병 정책을 실시하며 손자나 오자와 같은 병가의 가르침에 환호했다. 그런데 흥미로운 것은 손자나 오자는 모두 전쟁에서 승리하는 방법을 숙고했지만, 그들이 제안한 승리의 방정식은 서로 달랐다는 점이다.

2 손자, 전쟁에 참여할 수밖에 없는 군대를 만들어야 한다

손자

《사기》의 〈손자오기열전(孫子吳起列傳)〉에는 손무, 즉 손자의 승리 방정식에 대한 흥미로운 사례가 소개되어 있다. 그 내용은 다음과 같다. 손자를 만난 오나라 군주 합려는 그의 병법을 시험하려고 했다. 손자는 합려에게서 궁녀 180명을 받아 그들을 두 편으로 나누었다. 그리고 그 중 합려의 총애를 받고 있던 두 명의 궁녀를 각 편의 대장으로 삼았다. 손자는 그들에게 창을 들게 하고 군령의 내용을 가르쳐주었다. "'앞으로' 라고 하면 가슴 쪽을 보고, '좌로' 라고 하면 왼손 쪽을 보고, '우로' 라고 하면 오른손 쪽을 보고, '뒤로' 라고 하면 등 뒤쪽을 보라." 모든 궁녀가 그렇게 하겠다고 대답했다. 그리고 마침내 손자는 북을 치며 '우로' 라고 명령을 내렸다. 그러나 궁녀들은 크게 웃으며 그의 명령을 따르지 않았다. 손자는 다시 군령의 내용을 숙지시키고 명령을 내렸으나, 여전히 궁녀들은 그의 명령을 비웃을 뿐이었다. 마침내 그는 대장 역할을 하던 두 궁녀의 목을 베어버렸다. 당연히 합려는 손자의 조치에 크게 당

황했다. 《사기》 원문을 읽어보자.

《사기》

> 오나라 왕은 급히 전령을 보내 "과인은 이미 장군이 용병(用兵)에 능하다는 것을 알았소. 그 두 명의 희첩이 없으면 과인은 음식을 먹어도 맛있는 줄을 모를 것이니 제발 죽이지 말기를 바라오"라고 말했다. 그러자 손무는 "저는 이미 임금의 명령을 받아 장수가 되었습니다. 장수가 군대에 있을 때는 임금의 명이라도 받들지 않는 경우가 있습니다"라고 말하고는, 결국 대장이었던 두 궁녀를 참수하여 본보기를 보였다. 그러고는 그들 다음으로 총애 받는 희첩을 대장으로 삼아 다시 북을 치니 궁녀들은 모두 좌로, 우로, 뒤로, 꿇어앉거나 일어서는 등 명령대로 따라하며 감히 다른 소리를 내지 못했다.
>
> 《사기》, 〈손자오기열전〉

이 이야기를 통해서 우리는 손자의 병법이 지닌 몇 가지 특징을 확인할 수 있다. 첫째, 그는 조직과 군령을 무척 중시했다. 그가 180명의 궁녀들을 두 그룹으로 나누고, 그들에게 군령을 숙지시키려고 노력한 것도 바로 이런 이유에서다. 둘째, 그는 전쟁에서 승리하는 데 있어 장수의 자율성을 긍정하고 있다. 손자가 대장으로 뽑힌 애첩을 참수하려 하자, 합려는 군주의 권위를 내세워 손자를 막으려고 했다. 하지만 손자는 전쟁을 총괄하는 장수는 전쟁을 수행할 때 군주의 부당한 명령을 거부할 수 있어야 한다고 생각했다. 군주의 부당한 명령으로 전쟁에서 패한다면, 그것은 결국 그 군주에게 손해가 되기 때문이다. 셋째, 그는 군인을 장수의 명령에 의해 일사불란하게 움직이게 하는 형세[勢]를 조성하려고 했다. 손자가 대장으로 뽑힌 궁녀 두 명을 죽인 이유가 여기에 있다. 군인들 각자가 스스로의 판단에 따라 움직일 경우, 이들로 구성된 군대는 전혀 힘을 발휘할 수 없다. 그래서 손자는 궁녀 둘을 참수함으로써 나머지 궁녀들이 장수의 명령에 복종하도록 한 것이다.

이러한 특징 중 무엇보다도 중요한 것은 바로 그의 형세, 즉 세(勢)라는 개념이다. 손자가 조직과 군령을 강조한 것이나 장수의 자율성을 강조한 것은, 사실 장수와 군사가 하나의 유기체로 결합되어 하나의 세로 녹아들어야 한다는 그의 생각을 반영한다. 180명의 궁녀가 모여 있더라도 조직과 체계가 없다면, 조직과 체계를 갖춘 100명의 궁녀를 이길 수 없다. 신체를 비유로 논의를 전개해보자. 하나의 머리는 동쪽으로 그리고 다른 머리는 서쪽으로 가려고 한다면, 몸은 어느 쪽으로도 움직일 수 없다. 장수가 머리라면 군사는 수족과 같다. 만약 장수 이외의 누군가가 머리 노릇을 하려고 한다면, 이 군대는 결코 전쟁에서 승리할 수 없다. 그래서 손자는 전쟁에 나갔을 때 장수는 군주의 명령이라도 거부할 수 있어야 한다고 이야기했다.

전쟁에 나간 장수와 그의 군대는 일체의 외적인 영향 없이 자율적으로 움직여야 한다. 그래야만 이 군대는 하나의 몸처럼 급변하는 전쟁의 상황에 유연하고 능동적으로 대처할 수 있다. 이 점이 손자가 말하고자 했던 병법의 핵심이다. 그가 강조했던 형세라는 개념에 대해 조금 더 숙고해보자.

　형세에 대응하는 사람은 군사를 싸우게 할 때 마치 목석(木石)을 굴리는 것 같이 한다. 목석은 평지에 두면 가만히 있고 위태로운 곳에 두면 움직이며, 모가 나게 만들면 멈추고 둥글게 만들면 구르는 성질이 있다. 그러므로 군사로 하여금 잘 싸우게 하려면, 마치 둥근 돌을 천 길이나 되는 산 위에서 굴리는 것과 같이 해야 하니, 이것이 바로 형세다.

《손자병법》, 〈세(勢)〉

세란 장수와 군사를 하나의 유기체처럼 구성하고, 군사가 장수의 명령에 따라 죽음을 불사하고 전쟁에 임하게 하는 무형의 조건이다. 그렇다면 훌륭한 장수는 어떤 역량을 가져야 하는가? 손자는 군사를 나무와 돌에 비유한다. 첫째, 나무와 돌을 모가 없이 둥글게 만들어야 한다. 이는 군사들이 자율성을 유지해서는 안 되고, 전체 군대의 조직 속에 녹아들어가야 한다는 것을 비유한다. 손자가 대장으로 뽑힌 궁녀 두 명을 참수함으로써 궁녀들을 군사로 조직할 수 있었던 것도 이런 원리에 입각했기 때문이다. 둘째, 나무와 돌은 낮고 편안한 곳이 아닌 높고 위태로운 곳에 두어야 한다. 이것은 군사들이 용감하게 싸울 수밖에 없는 조건을 만들어야 한다는 뜻이다.

손자가 제안하는 승리의 방정식은 사실 세라는 개념 하나에 응축되어 있다. 훌륭한 장수는 세를 장악하고, 나아가 그것을 유연하

배수진(背水陣)이라는 전법이 있다. 이것은 적은 군사로 많은 군사와 맞서 싸울 때 사용하는 극단적인 전법이다. 뒤편에 강을 등지고 부대를 배치하면 군사들은 후퇴할 수 없다. 따라서 그들은 적진으로 뛰어들어 싸워서 승리해야만 목숨을 유지할 수 있다.

군사를 훈련시키는 손무

게 적용할 수 있는 자질을 갖추고 있어야 한다. 세가 갖춰져 있으면 군사들은 적보다 자신의 지휘자가 내리는 군령을 더 무서워한다. 결과적으로 그들은 모든 자의식을 버리고, 장수와 혼연일체가 되어 움직이게 되는 것이다. 이렇듯 장수와 군사가 하나의 유기체가 될 때, 그 군대는 평상시와는 다른 용기로 전투를 수행하며 승리를 달성하게 될 것이다. 둥글게 다듬어진 채로 높은 산 위에서 굴러 떨어지는 나무와 돌처럼 그 누구도 그들의 전투의지를 막을 수 없기 때문이다. 바로 이것이 세가 가진 힘이며, 손자가 제안하는 승리 방정식의 멋진 해답이다.

3. 오자, 장수에게 자발적으로 복종하는 군대를 만들어야 한다

오기, 즉 오자는 손자와는 전혀 다른 승리의 방정식을 제안했다. 그는 공자의 제자인 증자를 통해 덕치를 주장한 공자의 정치철학·사회철학을 배웠는데, 이것이 그의 사상에 큰 영향을 미쳤다. 그렇다면 여기서 잠시 공자가 제안했던 덕치의 논리에 대해 잠시 살펴볼 필요가 있다. 오자의 승리 방정식은 기본적으로 덕치의 논리를 전쟁술에 이용하면서 만들어진 것이기 때문이다.

법가가 형벌이라는 폭력에 입각한 정치 즉 법치를 옹호했다면, 유가는 덕에 의한 통치, 즉 덕치를 정치적 이념으로 삼았다.

공자가 말했다. "백성들을 '행정 명령〔政〕'을 통해서 지도하고 '형벌〔刑〕'을 통해서 강제하면 백성들은 형벌을 피하기

오자

위해서 죄만 짓지 않으려 할 뿐 진정한 수치심[恥]은 오히려 없어진다. 그러나 백성들을 '덕'으로 이끌고 '예'로 그들을 규율한다면 백성들은 수치심을 가질 뿐 아니라 진심으로 복종하게 된다."

《논어》, 〈위정(爲政)〉

공자에 따르면 군주가 강한 공권력으로 백성을 다스리면, 겉으로만 그들을 다스리는 것에 지나지 않는다. 진정으로 백성을 다스리기 위해서는 그들의 마음을 다스려야 한다. 공자가 제안하는 덕치나 예치(禮治)는 군주가 스스로 예라는 사회 규범을 따름으로써 백성에게 모범을 보이는 정치다. 자애롭고 솔선수범하는 군주를 보면서, 백성은 자신의 행실을 부끄럽게 여길 뿐 아니라 군주에게 아버지와 같은 따뜻함을 느끼고 자발적으로 복종하게 된다고 공자는 낙관적으로 전망했다. 백성으로 하여금 수치심을 느끼게 해서 군주에게 자발적으로 복종하게 만드는 정치 형태라는 점에서, 예치와 덕치는 '수치심의 정치학'이라고 간단히 정의할 수 있다. 이제는 오자가 전쟁에서 승리하는 방법을 어떻게 제안하고 있는지 살펴보자.

무릇 국가를 제어하고 군사를 다스릴 때는, 반드시 예로써 가르치고 의로써 격려해서 그들로 하여금 수치심을 갖게 해야 한다. 사람이 수치심이 있다면, 크게는 나아가 싸울 수 있고, 작게는 물러나 국가를 지킬 수 있게 된다.

《오자》, 〈도국(圖國)〉

공자가 제안했던 예치나 덕치와 마찬가지로, 오자가 이야기하는 부국강병의 방법도 통치자나 장수가 백성들이나 군사들에게 수치심을 각인시켜서, 그들이 자발적으로 복종하도록 유도하는 데 있다. 예를 들어 아버지가 아침에 일찍 일어나 집 안을 청소하는 경우를 생각해보자. 아마 아버지가 청소하는 모습을 본 아들은 마음이 무척 불편해질 것이다. 그러나 아버지는 아들에게 "내가 할 테니까, 너는 더 자도 된다"고 애정이 가득한 눈빛으로 말한다. 이때 아들은 어떻게 생각할까? 분명 일회적인 경우라면 "더 자도 된다고 하셨으니까, 더 자야지"라고 생각하고 계속 늦잠을 잘 수도 있다. 그러나 아버지의 아침 청소가 매일 반복된다면, 아들은 전혀

다른 식으로 행동하게 될 것이다. 아마 아들은 자신이 편히 자는 것을 수치스럽게 생각할 것이고, 심지어는 아버지보다 더 일찍 일어나 아침 청소를 먼저 시작하게 될 것이다.

이처럼 군사의 수치심을 유발하기 위해서는 장수의 엄격한 자기 수양과 실천이 전제되어야 한다. 오직 그래야만 피통치자는 자신의 행동이 보잘것없다는 것을 자각하고 부끄럽게 생각하여 장수의 명령에 자발적으로 복종할 수 있기 때문이다. 오자는 위나라 문후를 만나서 장군이 되자, 공자가 제안했던 수치심의 정치학을 전쟁의 논리에 거의 그대로 도입한다.《사기》에 나오는 다음 일화를 읽어보자.

오기는 장군이 되자 가장 신분이 낮은 사졸들과 같은 옷을 입고 식사를 함께 했다. 잠을 잘 때에는 자리를 깔지 않았으며 행군할 때에는 말이나 수레를 타지 않고 자기가 먹을 식량을 친히 가지고 다니는 등 사졸들과 수고로움을 함께 나누었다. 언제인가 사졸 중에서 독창(毒瘡)이 난 자가 있었는데 오기가 그것을 직접 빨아주었다. 그런데 사졸의 어머니가 그 소식을 듣고는 통곡했다. 이를 본 어떤 사람이 "그대의 아들은 일개 사졸인데 장군이 친히 그 독창을 빨아주었거늘, 어찌하여 통곡하는 것이오?"라고 하자, 그 어머니는 "그렇지 않소. 예전에 오기 장군이 그 아이의 아버지의 독창을 빨아준 적이 있었는데, 그이는 감격한 나머지 전장에서 물러설 줄 모르고 용감히 싸우다가 적에게 죽음을 당하고

말았습니다. 오기 장군이 지금 또 내 자식의 독창을 빨아주
었다니 나는 이제 그 아이가 어디서 죽게 될 줄 모르게 되었
습니다. 그래서 통곡하는 것입니다"라고 했다.

《사기》, 〈손자오기열전〉

장군이라는 높은 신분에도 불구하고 오자는 스스로 병사들과 모
든 수고로운 일들을 함께 한다. 병사들의 입장에서 오자의 이런 행
동은 지금까지 자신의 지휘관들과 분명히 다르게 비칠 것이다. 이
전의 지휘관들은 고급스러운 옷을 입고 좋은 음식을 먹으며 이동

할 때는 마차나 말을 탔고 따뜻하고 포근한 침대에서 잠을 잤다. 그러나 오자는 장군으로서의 특혜를 모두 거부하고, 스스로 몸을 낮추어 병사들과 동고동락했다. 더군다나 병사의 종기를 직접 입으로 빨아줄 정도로 병사들에게 애정을 표현하고 있다. 물론 이것은 그가 천성적으로 선한 사람이기 때문에 그런 것만은 아니다. 그는 병사들의 자발적인 복종을 유도하여 자신이 통솔하고 있던 군대의 전투력을 극대화하려고 했던 것이다.

결국 장수로서의 그의 솔선수범과 병사들에 대한 애정은 단지 수단에 지나지 않았다. 이 점을 간파했던 사람이 바로 아들의 종기를 오자가 직접 빨아주었다는 이야기를 듣고 통곡했던 병사의 어머니였다. 그녀의 통찰에 따르면 결국 오자와 병사의 관계는 양돈업자와 돼지의 관계와 같다. 돼지를 잘 키우기 위해서 양돈업자는 돼지우리 옆에서 잠을 자고, 직접 돼지의 성장에 좋다는 약초도 넣고, 심지어는 클래식 음악까지 들려주기도 한다. 그가 이렇게 하는 것은 돼지를 사랑해서가 아니다. 단지 돼지를 살찌운 다음, 도살하여 이득을 챙기기 위해서 정성껏 돼지를 돌보는 것이다. 그러나 자신의 지휘관 오자가 자신의 더러운 종기를 빨았을 때, 지혜로운 어머니의 이 아들은 어떤 마음을 가지게 될까? 아마 십중팔구 그는 오자를 위해서 목숨을 바치겠노라고 스스로 다짐하게 되었을 것이다. 바로 이것이 오자가 위나라의 장수가 되었을 때, 다른 나라가 위나라를 감히 공격하지 못했던 이유였다.

4. 두 전쟁술의 차이는 어디서 비롯되는가

국가가 다른 공동체와 다른 점은 공권력 즉 압도적인 폭력 수단을 독점하고 있다는 점이다. 정치란 국가가 구성원들에게 가할 수 있는 폭력의 형식과 조건을 규정하며, 전쟁이란 국가가 다른 공동체에 가하는 폭력의 형식이라고 할 수 있다. 이런 점에서 국가란 '정치와 전쟁의 기구'라고 표현할 수 있다.

여러 나라가 흥망을 거듭했던 춘추전국시대에 정치와 전쟁은 떼려야 뗄 수 없이 밀접하게 연결되어 있었다. 사실 국가란 정치와 전쟁의 기구라는 점에서 이것은 당연한 귀결이라고도 할 수 있다. 어떻게 하면 전쟁에서 승리해서 자신과 국가를 보존할 수 있을까? 아마도 이것은 춘추전국시대의 수많은 군주들이 고민했던 문제였을 것이다. 그래서 그들은 이 문제를 해결해줄 지식인들을 목을 빼고 기다릴 수밖에 없었다. 바로 이때 손자와 오자로 대표되는 병가는 전쟁에서 승리하는 가장 강력한 해법을 제안했다. 손자와 오자가 제안했던 승리의 방정식은 서로 달랐지만 수차례의 전쟁을 통해 손자는 오나라, 오자는 위나라의 부국강병에 기여함으로써 자신들의 전쟁술이 옳다는 것을 입증해 보였다.

손자에 따르면 장수는 강력한 형세를 구축함으로써 군사들로 하여금 싸우지 않을 수 없도록 해야 한다. 반면 오자는 군사들의 자발적인 복종을 유도해 그들이 목숨을 걸고 싸우게 한다. 여기서 우리는 손자와 오자의 입장 차이에 주목할 필요가 있다. 이들은 춘추전국시대를 관통하는 두 가지 사유 노선을 보여준다. 손자가 법가의 사유를 대변한다면, 오자는 유가의 사유를 대변한다. 군주의 권세를 강조하는 법가에 비해, 유가는 인간의 자율적인 의지를 강조하기 때문이다. 또 하나 주목해야 할 것은 손자나 오자의 병법이 노자의 철학에 깊숙하게 영향을 주고

노자
E. T. C. Werner, *Myths and Legends of China*

있다는 점이다. 《노자(老子)》 속에는 《손자병법》과 《오자》에서 전개된 병법의 논리가 그대로 채택되어 있다.

손자와 오자가 들려주는 이야기

어지러움은 다스림에서 생기고 비겁은 용기에서 생기며, 약함은 강함에서 생긴다. '어지러움과 다스림'은 조직 구성의 문제이고, '비겁과 용기'는 형세의 문제이고, '강함과 약함'은 군대 배치의 문제이다. 그러므로 적을 잘 움직이는 사람은 군대 배치를 드러내어 적으로 하여금 반드시 그것에 대응하도록 하며, 적이 원하는 것을 주어 그들이 반드시 그것을 취하도록 만든다. 이로움으로 적을 움직이고, 정예병으로 그들을 기다려야 한다.

《손자병법》, 〈세〉

亂生於治, 怯生於勇, 弱生於彊. 治亂, 數也. 勇怯, 勢也. 强弱, 形也. 故善動敵者, 形之, 敵必從之. 予之, 敵必取之. 以利動之, 以卒待之.

 한자 풀이

數(수) : 원래는 법칙이란 의미이나, 여기서는 군대 편제를 가리킨다.

勢(세) : 장수와 군사들로 구성된 군대의 잠재적인 힘으로서 형세를 가리킨다.

形(형) : 군대의 진형과 같이 드러난 모습을 가리킨다.

予(여) : 주다

깊이 읽기

어지러움과 다스림, 비겁과 용기, 그리고 약함과 강함의 관계에 대한 손자의 통찰은 노자를 연상시킨다. 노자에 따르면 "있음과 없음은 서로 낳고, 어려움과 쉬움은 서로 완성하며, 긺과 짧음은 서로 드러내고, 높음과 낮음은 서로를 채워준다"(《노자》백서본, 46장). 노자와 마찬가지로 손자도 대립되는 두 국면의 상호 관계에 주목하고 있다. 만약 우리편 군대가 잘 다스려졌다면 그것은 상대편 군대가 어지럽다는 것을 의미하고, 만약 우리편 군대가 용기가 있다면 그것은 상대편 군대가 겁이 많다는 것을 의미하고, 만약 우리편 군대가 강하다면 그것은 상대편 군대가 약하다는 것을 의미한다. 즉 손자는 절대적인 다스림, 용기, 강함이란 존재하지 않는다고 보았다. 다스림, 용기, 강함이란 모두 대적하고 있는 적의 상태와 비교해서만 의미를 갖기 때문이다.

꿀벌

무후가 물었다. "어떻게 해야 전쟁에서 승리할 수 있는가?"

오기가 대답했다. "다스림으로써 이길 수 있습니다."

다시 무후가 물었다. "군사가 많아야 이기는 것이 아닌가?"

오기가 대답했다. "만일 법과 명령이 분명하지 않고 상과 벌이 신뢰받지 않아, 징을 쳐도 멈추지 않고 북을 쳐도 진격하지 않는다면, 비록 백만의 군사가 있다고 하더라도 무슨 소용이 있겠습니까? 이른바 다스림이라는 것은 평소에는 예가 있고 움직이면 위엄이 있어서, 진격하면 아무도 당해내지 못하고 퇴각하면 아무도 추격하지 못하는 것입니다. 나아가고 물러날 때는 절제가 있고 좌우로 움직일 때는 대장의 깃발을 따르며, 비록 (부대 간의 연락이) 끊어져도 군진을 이루고 비록 흩어지게 되어도 군진을 이룹니다. 장수와 편안함을 같이하고 장수와 위태로움을 함께하기 때문에, 이런 군사들은 뭉쳐서 흩어지지 않고, 항상 쓸 수 있으며 지치지 않습니다. 전투가 있는 곳마다 이들을 투입하면 천하의 그 누구도 이들을 대적할 수 없을 것이니, 이런 군사를 '부자(父子)의 군사'라고 하는 것입니다."

《오자》, 〈치병(治兵)〉

武侯問曰, 兵何以爲勝. 起對曰, 以治爲勝. 又問曰, 不在衆乎? 對曰, 若法令不明, 賞罰不信, 金之不止, 鼓之不進, 雖有百萬, 何益於用? 所謂治者, 居則有禮, 動則有威, 進不可當, 退不可追. 前却有節, 左右應麾, 雖絶成陳, 雖散成行. 與之安, 與之危, 其衆可合而不可離, 可用而不可疲. 投之所往, 天下莫當, 名曰父子之兵.

 한자 풀이

金(금) : 쇠로 만든 징, 퇴각을 명령할 때 쓰인다

鼓(고) : 북, 전진을 명령할 때 쓰인다

前却(전각) : 앞으로 나아감과 뒤로 물러섬

左右(좌우) : 왼쪽으로 이동함과 오른쪽으로 이동함

麾(휘) : 장수가 부대를 통솔하는 깃발

絶(절) : 본대에서 고립되다

散(산) : 대열이 흩어지다   疲(피) : 피로하다
與之(여지) : 之는 장수를 가리키는 대명
          사이고, 與는 '~과 함께'를 뜻하
          는 허사(虛辭)다

깊이 읽기

전쟁의 목적은 군대를 움직여 승리하는 것이다. 이런 목적을 성공적으로 달성하기
위해 오자는 손자와는 다른 전략을 제안한다. 손자가 강력한 명령체계로 군사를 조
련했다면, 오자는 군사를 자애롭게 다룸으로써 그들로 하여금 장수의 명령에 자발
적으로 복종하게 했다. 이것이 바로 오자가 말하는 '부자의 군사'다. 장수는 군사를
자식처럼 사랑하고 아끼며, 군사는 장수를 아버지처럼 신뢰하고 따라야 한다. 만약
이런 부자의 군사를 육성할 수 있다면, 그 누구도 이들을 대적할 수 없다.

더 읽어볼 만한 책

김기동, 《중국 병법의 지혜》(서광사, 1993)

이 책은 손자에서부터 마오쩌둥에 이르기까지 전쟁에 관련된 중국의 거의 모든 담
론을 철학적으로 분석하고 있다. 간결하지만 상당히 포괄적으로 논의를 진행하고

있다. 따라서 병법에 관심을 가진 독자들은 전쟁과 관련된 중국 고전을 직접 읽기 전에 반드시 읽어둘 필요가 있다. 특히 이 책의 제3장 〈선진 제자의 군사 사상〉은 철학적으로 매우 중요한 내용을 담고 있다. 저자는 전쟁 자체를 반대했던 사상가들의 논리와 아울러 전쟁 자체를 불가피한 것으로 간주했던 사상가들의 논리를 논쟁적으로 정리한다. 전쟁이라는 특수한 상황에서 고대 중국철학자들의 사유를 분류해보는 것도 색다른 경험이 될 것이다.

김달진, 《손오병서》(문학동네, 1998)

1989년에 사망한 김달진은 우리나라 한학(漢學)의 대가다. 그는 1958년에 《손자병법》과 《오자》를 번역해서 '손오병서'라는 제목으로 출간했다. 여기에 소개된 책은 그의 사후 《김달진 전집》의 세 번째 권으로 다시 출간된 것이다. 비록 오래된 책이지만, 김달진의 번역서는 지금 보아도 손색이 없을 정도로 쉽게 읽힌다. 더구나 서양 병법의 고전인 클라우제비츠Karl von Clausewitz의 《전쟁론Vom Kriege》에 대한 유익한 정보가 수록되어 있어서, 동양과 서양의 병법의 차이를 음미해보는 데 많은 도움을 줄 것이다.

묵자—
모든 사람을 사랑하고 이롭게 하자

제3장

1. 전쟁에 반대한 최초의 평화운동

묵자

춘추전국시대는 탐욕, 의심, 모략, 갈등, 살육의 시대였다. 제후들이 명목적으로나마 주나라를 인정했던 춘추시대와 달리, 전국시대에 들어서면서 제후국 간의 경쟁은 더욱 격화되었다. 그런데 예나 지금이나 전쟁의 과정에서 가장 위험한 삶을 살 수밖에 없는 것은 바로 민중이다. 제후의 탐욕과 강박관념에 의해 야기된 수많은 전쟁과 전투에서 살육당한 사람은, 제후를 위시한 위정자라기보다는 힘없는 민초들일 수밖에 없다. 바로 이것이 이런 민중들의 여망을 담은 철학, 전쟁과 살육을 반대하는 평화주의자들이 출현할 수밖에 없는 이유이기도 하다.

마침내 전국시대에 습관적으로 자행되던 '전쟁에 대해 단호한 반대 입장[非攻]'을 보였던 철학자이자 실천가가 탄생한다. 그가 바로 묵적(墨翟), 훗날 그의 가르침을 추종했던 무리에 의해 묵자로 불렸던 사람이다. 전국시대에 전쟁을 반대한다는 것은 무엇을 의미하는가? 지금도 마찬가지지만 그것은 부당한 국가권력에 대한 저항을 함축한다. 따라서 묵자와 그의 제자들은 자신들의 입장을 견지하기 위해 강력한 공동체를 구성할 수밖에 없었다. 이 공동체는 묵자가 죽은 뒤에도 거자(鉅子)라는 이 집단의 지도자들에 의해 계승·유지되었다. 제자백가 중 유일하게 선생의 이름을 학파의 이름으로 사용했던 묵가라는 사상가 집단은 바로 이렇게 탄생했다. 묵가 사상의 주요내용은 《묵자(墨子)》라는 책 속에 담겨 오늘날까지 전해지고 있다.

2. 《묵자》의 열 가지 테제

《묵자》는 묵자를 포함한 묵가 전체의 사
유와 논쟁의 기록이다. 묵가의 철학적 주장
은 흔히 열 가지 테제로 나누어 살펴볼 수
있는데, 이것은 《묵자》에 수록된 각 편의 이
름이기도 하다. 자세한 내용은 다음과 같다.

《묵자》

첫 번째, 현명한 사람을 숭상해야 한다〔尙賢〕

두 번째, 윗사람을 높이 받들며 따라야 한다〔尙同〕

세 번째, 모든 사람을 차별 없이 사랑해야 한다〔兼愛〕

네 번째, 전쟁을 금지해야 한다〔非攻〕

다섯 번째, 재정지출을 절제해야 한다〔節用〕

여섯 번째, 장례를 절제해야 한다〔節葬〕

일곱 번째, 하늘의 뜻을 따라야 한다〔天志〕

여덟 번째, 귀신이 존재한다는 것을 알아야 한다〔明鬼〕

아홉 번째, 음악을 금지해야 한다〔非樂〕

열 번째, 운명이 있다는 것을 거부해야 한다〔非命〕

얼핏 살펴보면 이 열 가지 테제는 심각한 모순을 가지고 있는 것
처럼 보인다. 특히 문제가 되는 것은 모든 사람을 차별 없이 사랑
해야 한다는 '겸애'라는 주장이 윗사람의 뜻을 숭상하고 따라야
한다는 '상동'이라는 주장이나 선한 의지를 가진 하늘과 귀신의

존재를 긍정해야 한다는 '천지'나 '명귀'의 주장과 멀지 않다는 데 있다. 겸애라는 수평적인 애정의 테마는, 수직적인 독재론이나 하늘과 귀신의 의지를 강조하는 초월적인 종교론과 어울리지 않는 것처럼 보이기 때문이다.

그러나 《묵자》를 자세히 읽어보면 이런 모순을 해소할 수 있다. 모순을 해소하는 방법은 이 테제 중 어느 테제가 묵가의 핵심 테제인지를 확인하는 것이다. 열 가지 테제 중 하나가 묵가의 핵심 슬로건이라면 나머지 테제는 이 슬로건을 정당화하기 위한 방법이거나 아니면 이 슬로건을 현실에 적용한 정책이기 때문이다. 《맹자(孟子)》, 《장자(莊子)》, 《한비자(韓非子)》, 《여씨춘추(呂氏春秋)》, 《회남자(淮南子)》 등이 모두 규정하고 있는 것처럼 묵가의 핵심 슬로건은 다른 무엇도 아닌 겸애라는 주장이다.

그렇다면 묵자는 사회의 혼란이 발생하는 원인을 어떻게 진단했을까? 그의 말을 직접 들어보자.

반드시 혼란이 일어나는 까닭을 알아야 천하를 다스릴 수 있게 되고, 혼란이 일어나는 까닭을 알지 못하면 다스릴 수 없다. 비유를 들면 마치 의사가 사람의 병을 고치는 것과 같다. 반드시 병이 생겨난 까닭을 알아야만 병을 고칠 수 있으며, 병이 일어난 까닭을 알지 못하면 고칠 수가 없다.《묵자》,〈겸애(兼愛) 상〉)

시험 삼아 혼란이 어디에서 일어나는지 살펴보라. 서로 사랑하지 않는 데서 일어난다. 신하와 자식이 자신의 군주와 아버지에게 효도하지 않는 것이 이른바 혼란이다. 자식은 자신은 사랑하면서도 자신의 아버지는 사랑하지 않는다. 그래서 아버지를 해치면서 자신을 이롭게 한다. 아우는 자신은 사랑하면서도 형은 사랑하지 않는다. 그래서 형을 해치면서 자신을 이롭게 한다. 신하는 자신은 사랑하면서도 군주는 사랑하지 않는다. 그래서 군주를 해치면서 자신을 이롭게 한다. 이것이 이른바 혼란이다. 아버지는 자신은 사랑하면서도 자식은 사랑하지 않는다. 그래서 자식을 해치면서 자신을 이롭게 한다. 형은 자신은 사랑하면서도 아우는 사랑하지 않는다. 그래서 아우를 해치면서 자신을 이롭게 한다. 군주는 자신은 사랑하면서도 신하는 사랑하지 않는다. 그래서 신하를 해치면서 자신을 이롭게 한다. 이것은 무엇때문인가? 모두가 서로를 사랑하지 않는 데서 일어나는 것이다. 심지어 천하의 도적들 역시 마찬가지다. 도적은 자신의 집은 사랑하면서도 다른 집은 사랑하지 않는다. 그래서 다른 집의 것을 훔쳐 자신의 집을 이롭게 한다. 도적은 또 자신은 사랑하면서도 남은 사랑하지 않는다. 그래서 남을 해침으로써 그 자신을 이롭게 한다. 이것은 무엇 때문인가? 모두가 서로 사랑하지 않는 데서 일어나는 것이다. 심지어 대부(大夫)들이 서로 남의 집안을 어지럽히고 제후들이 서로 남의 국가를 공격하는 데 이르러서도 역시 마찬가지다. 대부들은 각기 자신의 집안은 사랑하면서도 다른 집안은 사랑하지 않는다. 그래서 다른 집안을 어지럽힘으로써 자신의 집안을 이롭게 한다. 제후들은 각기 자신의 국가는 사랑하면서도 다른 국가는 사랑하지 않는다. 그래서 다른 국가를 공격함으로써 자신의 국가를 이롭게 한다. 천하를 어지럽히는 것은 여기에 전부 원인이 있을 따름이다. 이것이 어디에서 일어나는지를 살펴보면 모두가 서로 사랑하지 않는 데서 일어나는 것이다.

《묵자》, 〈겸애 상〉

묵가는 혼란의 원인을 바로 인간이 서로 사랑하지 않는 현실에서 찾았다. 결국 문제는 사랑이다. 그렇다면 이것에 이어지는 묵가의 고민을 우리는 어렵지 않게 추론해볼 수 있다. 어떻게 하면 사랑을 확보할 수 있는가 하는 문제가 그것이다. 그런데 이 문제는 여기서 잠시 유보해두고, 더 중요한 문제를 먼저 다루도록 하자. 그것은 묵가가 염두에 두고 있던 사랑이 어떤 성격을 가지고 있는지에 대한 것이다.

3. 사랑의 정치철학

우선 묵가가 '겸애'라는 개념을 어떻게 쓰고 있는지 살펴보자. '겸(兼)'이라는 글자는 '차별이 없음', '두루 아우름', 혹은 '상호관계'를 의미한다. 그러므로 묵가의 겸애는 '차별이 없는 사랑'이나 '상호 간의 사랑'을 의미한다. 이로 인해 우리는 묵가의 겸애를 기독교적 사랑과 유사한 '평등 박애'를 의미한다고 생각할 수도 있다. 그러나 묵가의 겸애는 현존하는 정치적 질서나 위계적 구조를 긍정하는 토대 위에 진행되는 차별 없는 사랑이다. 여기서 우리는 겸애를 역설하는 묵자의 다음 이야기를 꼼꼼하게 읽어볼 필요가 있다.

남의 국가 위하기를 자신의 국가와 같이 한다면 그 누가 자신의 국가를 동원하여 남의 국가를 공격하겠는가? 그를 위하는 것이 마치 자기를 위하는 것과 같기 때문이다. 남의 도 읍 위하기를 마치 자신의 도읍과 같이 한다면 그 누가 자신 의 도읍을 동원하여 남의 도읍을 정벌하겠는가? 그를 위하 는 것이 자신을 위하는 것과 같기 때문이다. 남의 집안 위하 기를 자신의 집안과 같이 한다면 그 누가 자신의 집안을 동 원하여 남의 집안을 어지럽히겠는가? 그를 위하는 것이 마 치 자신을 위하는 것과 같기 때문이다.

《묵자》,〈겸애 하〉

묵가가 이해하고 있던 겸애라는 주장은 '남의 부모를 나의 부모 처럼 여기고, 남의 집안을 나의 집안처럼 여기고, 남의 도읍을 나 의 도읍처럼 여기고, 남의 국가를 나의 국가처럼 여기는 것'을 의 미한다. 묵가가 주장하는 겸은 나와 남의 차별을 없애자는 것이지, 부모, 집안, 도읍, 국가의 구별이나 차별을 없애자는 것은 아니다. 여기서 전통적인 가족제도나 정치질서는 전혀 의심하지 않는다. 이 점에서 묵가의 겸애란 평등 박애라기보다는 '불평등한 박애'라 고 할 수 있다.

다음으로 묵가의 사랑이 지닌 공리주의적 성격을 살펴보자. 묵 가의 사랑은 아끼고 사랑하는 단순한 감정을 넘어서는 것이다. 그 것은 반드시 물질적으로 표현되어야 한다. 다시 말해 묵가에게 있 어 누구를 사랑한다는 것은 그 사람을 물질적으로 이롭게 하는 것 으로 표현될 수 있다. 그래서 묵가는 항상 겸애 혹은 겸상애(兼相 愛)라는 표현을 서로를 이롭게 한다는 뜻의 '교상리(交相利)'라는

표현과 함께 쓰고 있다. 예를 들어 전란으로 피폐해진 전국시대 민중의 고통을 대하는 묵가의 방식을 생각해보자. 묵가는 민중의 고통을 다음 세 가지로 정리한다.

굶주린 자가 먹을 것을 얻지 못하고, 추운 자가 옷을 얻지 못하며, 수고하는 자가 휴식을 얻지 못하는 것, 이 세 가지가 백성들의 커다란 환난이다.

《묵자》, 〈비악(非樂) 상〉

결국 군주로서 민중을 사랑한다는 것은 단순히 그들을 불쌍하게 여기는 마음을 갖는 것으로 완성되지 않는다. 반드시 굶주린 자에게 먹을 것을 주어야 하고, 추운 자에게 옷을 주어야 하며, 노동이나 병역으로 지친 자에게 휴식을 제공해야 한다. 국가 안에서 민중을 가장 효과적으로 사랑할 수 있는 사람, 민중에게 가장 유효한 이익을 제공해줄 수 있는 자가 바로 군주다. 그러므로 묵가는 '윗사람을 높이 받들며 따라야 한다'는 독재론을 피력할 수 있었던 것이다.

> 지금 겸상애와 교상리라는 원칙은 따르면 이익이 생기고 또 행하기 쉽다는 것은 이루 다 헤아릴 수도 없다. 내 생각으로는 다만 그것을 기뻐하는 군주가 있지 않을 따름이다. 진실로 그것을 기뻐하는 군주가 있고, 그것을 상과 명예로 권면하고 형벌로서 위압한다면, 내 생각에는 사람들이 겸상애와 교상리로 나아가게 될 것이다. 이것은 비유하자면 마치 불이 위로 타오르고 물이 아래로 흘러가는 것과 같아서 천하에 막을 사람이 없을 것이다.
>
> 《묵자》, 〈겸애 하〉

그러나 이것은 그들이 독재를 지향하는 전체주의자라서가 아니라, 군주가 국가 안에서 유일하게 사람들을 사랑하고 사람들에게 이익을 제공할 수 있는 실질적인 재력과 권력을 지니고 있다고 판단했기 때문이다. 이로부터 우리는《묵자》의 다음 네 가지 테제가 지닌 위상을 어렵지 않게 이해할 수 있다. 전쟁을 금지해야 한다,

재정지출을 절제해야 한다, 장례를 절제해야 한다, 음악을 금지해야 한다. 겸애의 군주는 민중에게 자신이 가진 것——물론 이것의 기원은 모두 민중으로부터 수탈한 것이지만——을 주어야만 한다. 이를 위해 군주는 허례허식에 드는 비용을 줄여야 하고, 재정 지출을 절제해야 하며, 민중들의 삶 자체를 고통에 빠뜨리는 전쟁도 해서는 안 된다.

4. 초월적 종교론

묵가에게 '누군가를 사랑한다' 는 것은 '그 사람에게 물질적 이익을 준다' 는 것과 마찬가지다. 자신이 가진 것을 준다면 자신의 삶은 궁핍해질 수밖에 없는 것이 경제학적 원리다. 그러나 누군가를 사랑한다고 자임하는 사람은 자신의 생명을 소진시켜서라도 물질적 이익을 누군가에게 제공해야 한다. 묵가는 몸소 고난을 겪음으로써 자신들의 사상을 실천해 보였다. 남을 사랑하는 사람, 다시 말해 남에게 물질적 이익을 제공하려는 사람은 자신을 돌볼 겨를이 없다. 굶주린 자에게 먹을 것을 주면서 스스로 굶은 사람, 헐벗은 자에게 따뜻한 옷을 주면서 스스로 춥게 지내는 사람, 삶에 지친 자 대신 노동을 하면서 스스로 지쳐갔던 사람, 이들이 바로 묵가였다.

스스로를 고통으로 내모는 묵가의 이러한 정신은 이기심, 탐욕, 질투, 피해망상에 사로잡힌 군주를 포함한 위정자에게는 감당하

묵가는 "대부분 짐승가죽옷과 베옷을 입고 나막신이나 짚신을 신고서 밤낮을 쉬지 않았으며, 자신을 고통스럽게 하는 것을 삶의 표준으로 삼았다."(《장자(莊子)》, 〈천하(天下)〉)

기 힘든 것이다. 여기서 묵가는 위정자들로 하여금 겸애의 정신을
실천하게 하기 위해서 새로운 논리 장치를 고안한다. 그 논리 장치
가 바로 상제(上帝)라고도 불리는 하늘〔天〕과 귀신의 의지를 긍정
하는 초월적 종교론이다.

천자는 천하에서 가장 귀한 사람이며 천하에서 가장 부유한
사람이다. 그러므로 부유하고 귀한 사람은 마땅히 하늘의
뜻을 따라서 순종하지 않을 수 없는 법이다. 하늘의 뜻을 따

르는 사람은 서로를 사랑하며[兼相愛] 서로를 이롭게 해주기[交相利] 때문에 반드시 하늘의 상을 받을 것이다. 하늘의 뜻에 반하는 사람은 서로를 미워하며 서로를 해쳐서 반드시 하늘의 벌을 받을 것이다.

《묵자》, 〈천지(天志) 상〉

칸트

 칸트는 경험을 강조했던 경험론적 전통과 이성을 강조했던 합리론적 전통을 비판적으로 종합해냈는데, 이 때문에 그의 철학은 서양철학의 저수지라고 불릴 만한 성격을 갖게 된다. 주요 저서로 《순수이성비판 Kritik der reinen Vernunft》, 《실천이성비판 Kritik der praktischen Vernunft》, 《판단력비판 Kritik der Urteilskraft》 등이 있다.

이 지점에서 우리는 의문을 갖게 된다. 묵가는 인격적인 것으로 묘사된 하늘과 귀신의 의지가 진정으로 존재한다고 믿었을까? 그러나 묵가가 주장하는 하늘과 귀신의 의지는, 칸트Immanuel Kant의 말을 빌리면 윤리적으로 요청된 신과 같다. 칸트는 전통적인 신 존재 증명을 맹렬하게 비판하지만 도덕적 차원에서는 신의 존재를 요청한다. 도덕적인 인간이 불행하고 부정직한 사람이 부귀영화를 누리는 경우가 많기 때문에, 이들을 심판할 신이 필요한 것이다. 여기서 우리가 주의해야 할 것은 '신이 존재한다'고 이야기하는 것이 '신이 있으면 좋겠다'고 말하는 것과는 다르다는 점이다. 묵가의 초월적 종교론도 칸트의 도덕론처럼, 윤리적 차원에서 신을 요청했을 뿐, 신이 존재한다고 믿었던 것은 아니다. 그것은 자신의 이익을 줄여서 남에게 이익을 주려는 숭고한 자기희생의 이상을 실현하려는 묵가 자신의 노력에 힘을 부여해주며, 아울러 '가장 귀하고' '가장 부유한' 군주로 하여금 겸애를 실천하도록 하기 위해 요청된 것에 지나지 않는다.

5. 역사 속으로 사라지다

묵가의 철학은 전국시대 초기에서 천하를 통일한 진나라에 이르기까지 가장 유력한 사상이었다. 이는 전국시대 중기의 맹자, 전국시대 말기의 순자와 한비자가 당시의 유력한 사상으로 묵가의 철학을 언급한 데서 확인된다. 그런데 묵가는 당시 하나의 큰 사상적 흐름을 이루었던 유가와 극면하게 대립했다. 묵가에게 유가가 주장하는 사랑[仁]은 공허한 것으로 비췄다. 즉 유가가 자신들의 기득권을 지키려 할 뿐 자기희생과 이타적 행위를 망각하고 있다고 보았던 것이다. 묵가는 사랑이란 반드시 사랑하는 사람을 물질적으로 이롭게 해야만 의미가 있다고 생각했다. 이런 묵가가 보기에 유가는 번잡한 예절, 무용한 장례의식 혹은 화려하고 사치스러운 음악 활동에 기생해서 살고 있는 위선자에 불과했다.

묵가에 따르면 "대개 유가는 오만하고 자신만을 따르는 자들이어서 아랫사람을 가르칠 수 없고, 음악을 좋아하며 사람들을 어지럽히기에 직접 백성을 다스리도록 해서는 안 되며, 운명이 있다는 주장을 세워 할 일에 태만하므로 직책을 맡겨서도 안 되며, 상례를 중시하고 슬픔을 그치지 않으니 백성들을 자애하도록 해서도 안 되며, 옷을 기이하게 입고 용모를 치장하는 데 힘쓰기에 백성들을 이끌도록 해서도 안 된다".(《묵자》, 〈비유(非儒) 하〉)

역설적인 것은 유가에 대한 묵가의 치열하고 지속적인 공격이 묵가 사상을 역사 속에서 잊히게 만든 한 가지 이유가 되었다는 점이다. 천하를 통일한 진나라가 단명한 뒤 한나라의 무제(武帝)가 "'모

한나라 무제

든 제자백가를 물리치고 유학만을 숭상한다[罷黜百家, 獨尊儒術]"고 선언한 뒤 중국의 역사는 유학의 지배하에 놓이게 되고, 이에 따라 유가를 공격한 묵가의 사상과 실천은 철저하게 무시되고 망각되었다.

묵자가 들려주는 이야기

　　지금 어떤 사람이 남의 과수원에 들어가 그곳의 복숭아나 자두를 훔치면 여러 사람들은 듣고서 그를 비난할 것이고 위에서 정치하는 사람은 그를 잡아 처벌할 것이다. 이것은 무슨 이유에서인가? 남을 해치면서 자신을 이롭게 했기 때문이다. 남의 개나 닭, 돼지를 훔친 자는 그 불의가 남의 과수원에 들어가 복숭아나 자두를 훔친 것보다 더욱 심하다. 이것은 무슨 이유에서인가? 남을 해친 것이 더욱 많기 때문이다. 진실로 남을 해치는 것이 더욱 많을수록 그의 불인함이 더욱 심해져서 죄가 더욱 무거워진다.

　　남의 마구간에 들어가 남의 말이나 소를 훔친 자에 이르러서는 그 불인과 불의가 남의 개, 닭, 돼지를 훔친 것보다 더욱 심하다. 이것은 무슨 이유에서인가? 남을 해친 것이 더욱 많기 때문이다. 진실로 남을 해친 것이 더욱 많을수록 그의 불인함이 더욱 심해져서 죄가 더욱 무거워진다. 죄 없는 사람을 죽이고 그의 옷을 벗기고 그의 창이나 칼을 훔친 사람은 그 불의가 남의 마구간에 들어가 남의 말이나 소를 훔친 것보다 더욱 심하다. 이것은 무슨 이유에서인가? 남을 해친 것이 더욱 많기 때문이다. 진실로 남을 해친 것이 더욱 많을수록 그의 불인함이 더욱 심해져서 죄가 더욱 무거워진다. 이와 같은 일에 대해 천하의 군자들은 모두 알고서 그것을 비난하면서 불의라고 말한다.

　　지금 크게 불의를 행해서 남의 국가를 공격하는 데 이르는 경우는 그릇된 줄을 모르고 이를 따라 칭찬하면서 의로움이라고 말한다. 이것은 의로움과 불의함의 구별을 안다고 할 수 있을까? 한 사람을 죽이면 그것을 불의라고 말하며 반드시 한 사람 분의 사형의 죄가 있도록 한다. 만약 이처럼 말해간다면 열 사람을 죽이면 열 배의 불의가 되어 열 사람분의 사형의 죄가 있도록 해야 하며, 백 사람을 죽이면 백 배의 불의가 되어 백 사람분의 사형의 죄가 있도록 해야 할 것이다. 이것에 대해 천하의 군자들은 모두 알고서 그것을 비난하면 불의라고 말한다. 지금 크게 불의를 행해서 남의 국가를 공격하는 데 이른 경우는 그릇된 줄을 모르고 이를 따라 칭송하며 의로움이라고 말하지만, 진실로 그가 불의함을 알지 못하는 것이다. 그러므로 그의 말을 적어 후세에 전하기까지 한다. 만약 그가 불의하다는 것을 알았다면 어찌 그의 불의함을 적어서 후세에 전하겠는가?

《묵자》, 〈비공(非攻) 상〉

今有一人, 入人園圃, 竊其桃李, 衆聞則非之, 上爲政者得則罰之. 此何也? 以虧人自利也. 至攘人犬豕竊豚者, 其不義又甚入人園圃竊桃李. 是何故也? 以虧人愈多. 苟虧人愈多, 其不仁玆甚, 罪益厚. 至入人欄廐取人馬牛者, 其不仁義又甚攘人犬豕難豚. 此何故也? 以其虧人愈多. 苟虧人愈多, 其不仁玆甚, 罪益厚. 至殺不辜人也, 扡其衣裘, 取戈劍者, 其不義又甚入入欄廐取人牛馬. 此何故也? 以其虧人愈多. 苟虧人愈多, 其不仁玆甚矣, 罪益厚. 當此, 天下之君子皆知而非之, 謂之不義. 今至大爲不義攻國, 則弗知非, 從而譽之, 謂之義. 此可謂知義與不義之別乎? 殺一人, 謂之不義, 必有一死罪矣. 若以此說往, 殺十人, 十重不義, 必有十死罪矣. 殺百人, 百重不義, 必有百死罪矣. 當此, 天下之君子皆

知而非之, 謂之不義. 今至大爲不義攻國, 則弗知非, 從而譽之, 謂之義,
情不知其不義也. 故書其言以遺後世. 若知其不義也, 夫奚說書其不義
以遺後世哉?

한자 풀이

園圃(원포) : 과수원

虧(휴) : 훼손하다, 해치다

欄廐(난구) : 마구간

不辜(불고) : 죄가 없다

扡(타) : 끌어당기다, 강제로 벗기다

衣裘(의구) : 평상시에 입는 옷이나 가죽
　으로 만든 방한복

戈劍(과검) : 창과 칼

從而譽(종이예) : 從은 '따르다' 라는 의
　미고 而는 순접의 접속사이며, 예는
　'칭찬하다' 라는 의미

깊이 읽기

유학 사상의 핵심 개념은 인과 의다. 공자에게 인은 예에 입각해 같은 지배층 사람
들을 사랑하는 것, 의는 예에 맞는 행동을 가리켰다. 이 점에서 공자의 인과 의는
지배층 내부에 한정된 윤리 규범이었다고 할 수 있다. 반면 묵자는 인과 의를 피지
배층, 즉 민중에게 확장한다. 그에게 인은 지배층에게만 한정되는 사랑이 아니라

모든 사람에게로 열린 사랑, 즉 겸애로 정의된다. 또한 그는 의로움, 즉 의라는 덕목을 기본적으로 모든 사람들의 물질적 이익을 증진시키는 것이라고 정의한다. 이 점에서 우리는 묵자의 인과 의가 겸상애와 교상리에 다름 아니라는 것을 확인하게 된다.

한편 앞의 구절은 묵자가 전쟁 반대를 매우 논리적으로 논증했다는 사실을 보여준다. 이것은 비유와 직관을 중시하는 다른 학파의 논증 방식과 뚜렷이 구별되는 묵자와 그 학파의 특징이었다. 여기서 우리는 묵자 이후 그의 학파가 중국 철학사에서 유례없는 탁월한 논리학파로 성장해가는 이유를 짐작할 수 있다.

 더 읽어볼 만한 책

묵자, 《묵자(상·하)》, 김학주 옮김(명문당, 2003)

옮긴이 김학주는 이전에 이미 《묵자》를 우리말로 옮긴 적 있다. 그러나 이전의 번역서는 《묵자》 전체가 아니라 중요한 몇몇 편들만 옮긴 것이다. 김학주는 본인이 옮긴 이전의 역서를 토대로 2003년 마침내 전체 편을 완역하는데, 그것이 바로 이 번역서이다. 그의 노고를 통해서 우리나라에도 전국시대 유학과 함께 지배적인 사상으로 군림했던 묵가의 사상을 알려주는 《묵자》라는 텍스트가 일반인들도 쉽게 읽을 수 있게 되었다. 그러나 후기 묵가의 논리철학과 언어철학을 다루고 있는 네 편, 즉 〈경(經) 상〉, 〈경(經) 하〉, 〈경설(經說) 상〉, 〈경설(經說) 하〉에 대한 번역은 최근의 연구 성과를 반영하지 못하고 있어서 못내 아쉽다.

그레이엄, 앤거스, 《도의 논쟁자들》, 나성 옮김(새물결, 2003)
그레이엄A. C. Graham은 중국 고대 철학을 연구하는 영미권 학자 중 최고의 학문적 수준을 가지고 있다. 특히 그는 묵자 이후 번성했던 묵자 학파의 논리학에 대한 연구로 유명하다. 춘추전국시대 당시 가장 지속적인 영향을 미쳤던 학파는 바로 유가와 묵가였다. 그러나 아쉽게도 묵가는 지금까지 연구자의 관심에서 비교적 소외되어 있었다. 그레이엄은 묵가 사상을 연구함으로써 이런 연구사의 공백을 훌륭하게 메운다. 이 책은 그레이엄이 20여 년 동안 지속해오던 중국 고대 철학 연구를 결산하면서 집필한 일종의 중국 고대 철학사라고 할 수 있다. 이 책에서 우리는 묵자와 그의 학파의 사상과 사유 방식에 대한 많은 정보를 얻을 수 있다.

이운구, 《묵가철학연구》(성균관대학교동아시아학술원, 1995)
묵자와 그 학파에 대한 연구가 지지부진한 것은 우리나라도 예외는 아니다. 아마 중국 고대 철학을 연구하는 국내 학자 중 묵자에 관심을 가지고 연구를 했던 연구자는 이운구와 윤무학밖에 없을 것이다. 이 책은 이 연구자들이 지금까지 행해온 연구를 종합해서 출간한 것이다. 너무 전문적인 연구서라서 비전공자가 읽기에는 힘들 수 있지만, 묵가 사상에 관심을 가진 사람은 읽어볼 만하다.

양주— 제4장
삶의 철학과 아나키스트적인 전망

1. 중국 고대의 아나키스트

양주(기원전 440?
~360?)는 위나라
사람이다.

 고대 중국에서 <u>양주</u>의 사상은 막강한 영향력을 발휘했다. 예를 들어 전국시대 중기의 《맹자》, 《장자》, 《한비자》 등을 살펴보면, 양주가 이미 독립적인 학파를 이루고서 묵가와 대립하여 활발한 논쟁을 벌이고 있다는 것을 어렵지 않게 확인할 수 있다. 양주가 묵가를 공격했던 이유는, 그들이 이념이나 명분은 삶의 수단일 뿐 목적이 될 수 없다는 것을 망각했다고 보기 때문이다.

 그러나 당대의 중요한 학술 사상의 발전을 평가하여 기술한 전국시대 말의 《장자》의 〈천하〉편이나 《순자(荀子)》의 〈비십이자(非十二子)〉편에는 양주 사상에 대한 언급이 없다. 이것은 전국시대 중기에 매우 성행했던 양주와 그의 학파의 사상이 전국시대 말기에는 점차 다른 철학사상으로 극복되거나 통합되면서 자체의 학

프루동

아나키즘은 프랑스의 사회주의자 프루동Pierre Joseph Proudhon (1809~1865)에게서 체계적으로 사유되기 시작한 사회철학의 경향을 말한다. 소유제와 공유제라는 양극단을 피하려는 아나키즘은 국가권력의 비대화와 아울러 사적인 소유제를 극복하기 위해서 자유로운 공동체를 도모하는 이념이라고 할 수 있다.

술적 영향력이 크게 줄어들었다는 것을 말해준다. 이런 이유 때문인지 아쉽게도 오늘날 그의 사상을 알려주는 자료는 극히 부족하다. 다행스러운 점은 《열자(列子)》의 〈양주(楊朱)〉편에 그의 사상을 알려주는 자료가 일부 남아 있다는 것이다.

당시 사상가들에게 주어진 핵심적인 과제는 전국시대의 갈등과 대결을 어떻게 해소하느냐였다. 양주 사상은 이런 과제에 대해 나름대로 설득력 있는 해법을 제공했기에 한 시대를 풍미할 수 있었다. 양주가 제기한 철학적 해법은 기본적으로 삶을 긍정하는 실존주의적 통찰과 아울러 이에 기반을 둔 일종의 아나키즘적인 정치철학적 전망에 있었다. 이 점에서 그의 철학은 법가와 대립한다. 법가는 개인의 삶을 긍정하기보다는 전체 국가의 운명을 중시하고, 나아가 강력한 전제 군주제를 추구했다. 바로 이 점이 전국시대 후반기에 들어서 양주와 그의 학파가 소멸한 이유를 설명해준다. 한비자와 진시황이 무력에 입각한 통일을 추구했던 이 시기에 양주의 사상은 정치적으로 탄압될 수밖에 없었다.

2. 양주에 대한 맹자의 편견에서 벗어나자

묵가와 양주의 철학이 사상계를 양분한 전국시대 중기는 유가로서는 존폐의 기로에 놓인 위기였다. 당시 유학 사상의 재건을 자신의 소명으로 여겼던 맹자에게 묵가와 양주의 철학은 눈엣가시였다. 따라서 묵자와 양주에게 가해진 맹자의 독설이 과장될 수밖에 없으리라는 점은 미루어 짐작할 수 있다. 아쉬운 것은 양주를 지독한 이기주의로 몰고 가는 맹자의 논법이 유학이 패권을 차지한 한나라 이후 지금까지도 일반적인 통념으로 굳어져 있다는 사실이다. 따라서 여기서는 우선 맹자가 양주를 어떻게 평가하고 있는지를 냉정하게 살펴볼 필요가 있다.

> 성왕이 출현하지 않고 제후들이 방자해졌으며 처사들이 함부로 의논하자 양주·묵적의 말이 천하를 가득 채웠으니, 천하의 말이 양주로 돌아가지 않으면 묵적으로 돌아갔다. 양주는 자신만을 위하니〔爲我〕이것은 군주를 없애는 것〔無君〕이고, 묵적은 두루 사랑하니〔兼愛〕이것은 부모를 없애는 것〔無父〕이다. 자신의 부모를 없애고 군주를 없앤다면 이것은 금수와 같다.
>
> 《맹자》, 〈등문공(騰文公) 하〉

보편적 사랑에 대한 묵가의 논의는 자신의 아버지와 남의 아버지에 대한 차별이 없는 사랑을 함축한다. 이는 자신의 아버지와 남의 아버지가 갖는 차이를 무시한다는 점에서 결국 자신의 아버지를 부정하는 논의로 귀결된다는 것이다. 한편 자신만을 위한다는 양주의 논의는 군주를 무시하는, 철저하게 비사회적인 논의에 불과하다. 맹자의 견해에 따르면 우리는 양주가 철저한 이기주의자였다는 인상을 받게 된다. 더욱이 맹자가 양주의 사상을 평가할 때 사용한 '위아' 라는 개념은 이런 인상을 더욱 강화시킨다. 그러나 양주의 사상이 지닌 고유성을 읽으려면 근본적인 유학자였던 맹자의 시선을 벗어날 필요가 있다. 그러나 양주의 저술은 지금 남아 있지 않고, 다른 사상가의 저술을 통해 간접적으로 확인될 수 있을 뿐이다.

우선 《회남자》를 읽어보자. 《회남자》는 양주 사상을 선진(先秦) 철학사의 문맥 속에 놓으면서 다음과 같이 이해하고 있다.

> 돌아가며 인사하고 양보하는 것으로 예를 닦고, 후하게 장례를 치르고 오랫동안 상례를 치름으로써 죽은 자를 보내야 한다는 것이 바로 공자가 정립했던 것인데, 묵자는 이것을 비판했다. 서로를 차별 없이 사랑하고, 능력 있는 사람을 숭상하고, 귀신을 돕고, 숙명론에 반대하는 것이 바로 묵자가 정립한 것인데, 양주는 이것을 비판했다. 생명을 온전하게 하고 참된 것을 보존하고, 외적인 것들로 자기 몸을 얽어매지 않는 것은 양주가 정립했던 것인데, 맹자는 이것을 비판했다.
>
> 《회남자》, 〈범론훈(氾論訓)〉

이 인용문은 묵자 사상에 대한 반발로 양주의 사상이 출현했다고 말하고 있다. 묵자의 철학은 서로를 사랑해야 한다는 겸상애와 서로에게 물질적 이익을 주어야 한다는 교상리의 주장으로 요약될 수 있다. 그러나 이런 내용적 측면보다 더 중요한 것은 묵가가 일반성〔兼〕을 발견하고 그것이 개별성보다 중요하다고 주장했

회남자(淮南子) 유안(劉安, 기원전 179~122)이 지었다고 하는 《회남자》라는 책은 그가 직접 지은 것이 아니라, 그가 거느리고 있던 여러 사상가들이 지어서 바친 것을 정리하고 편찬한 것이다. 이 책에 유가, 묵가, 도가 등 다양한 학파의 사상이 산재되어 있는 것은 이런 이유에서다.

는 점이다. 묵자 이전의 인간이 신분과 혈연이라는 가족질서에 의해 규정된 데 비해 묵자는 개별적 인간을 인간이라는 일반성에 속하는 것으로 이해했다. 철학사적으로 평가해본다면, 강력한 봉건적 질서로 인간을 규정했던 주례의 붕괴는 사실상 묵자의 겸 정신에 이르러 완성되었다.

양주는 우리의 삶이 이런 일반성의 강조에 의해 부정되어서는 안 될 소중한 것이라고 생각한다. 그가 보았을 때 묵가는 일반성을 강조함으로써 개별적인 삶의 고유성을 부정하고 있다. 양주는 묵가의 이러한 폐단을 지적하면서 자신의 삶의 철학을 전개한다. 따라서 그의 철학은 이기주의와 아무런 상관이 없다. 맹자는 양주 사

《맹자》의 인용문을 예로 들면, 나의 아버지, 너의 아버지라는 개별성은 모두 아버지라는 일반성에 속하는 것으로 사유되므로 개별자 간의 차이를 없애버린다. 맹자가 겸애의 논의가 부모를 없애는 것으로 귀결된다고 비판했던 것은 이런 이유에서다.

상의 단독성을 개별성으로 잘못 이해함으로써 그것을 이기주의로 규정했으나, 사실상 양주에게 아(我)는 교환 불가능하고 일반성으로 환원되지 않는 단독적인 나를 의미한다.

3. 삶을 긍정하라고 역설한 삶의 철학자

양주에 대한 이해는 맹자보다 한비자가 더 객관적이다. 한비자는 양주를 "외적인 타자를 경시하고 삶을 중시하는(輕物重生)" 지식인이라고 규정하고 있다. 이는 《회남자》의 이해방식과 일치한다. 앞에서 살펴본 것처럼 《회남자》도 양주 사상을 "생명을 온전하게 하고 참된 것을 보존하고, 외적인 것들로 자기 몸을 얽어매지 않는 것(全性保眞, 不以物累形)"이라고 규정하고 있기 때문이다. 고대 중국에서는 성(性)이라는 글자가 생(生)이라는 글자와 같은 의미로 쓰였다. 본성이란 삶의 고유한 질서나 패턴이라고 보았던 것이다. 따라서 '생명을 온전하게 하고 참된 것을 보존한다'고 할 때, '생명(性)'이나 '참된 것(眞)'이라는 개념은 모두 반복 불가능한 우리의 삶을 가리킨다. 우선 그가 어떻게 삶을 통찰하고 있는지를 잘 보여주는 구절을 읽어보자.

백 년이란 사람 목숨의 최대 한계여서, 백 년을 사는 사람은 천에 하나 꼴도 안 된다. 설사 한 사람이 있다 하더라도 어려서 안겨 있을 때부터 늙어서 힘이 없어질 때까지의 시간이 거의 그 반을 차지할 것이다. 밤에 잠을 자며 활동을 멈춘 시간과 낮에 깨어 있으나 헛되이 잃는 시간이 거의 그 반의반을 차지할 것이다. 아프고 병들고 슬퍼하고 괴로워하며 자신을 잃고 근심하고 두려워하는 시간이 또 거의 그 반의반의반은 될 것이다. 십수 년 동안을 헤아려보건대 즐겁게 자득(自得)하면서 조그마한 걱정도 없는 때는 한시도 없다. 그러니 사람은 살면서 무엇을 해야 하는가? 무엇을 즐겨야 하는가? 맛있는 음식과 좋은 옷을 입어야 하고 음악과 미인을 즐겨야 한다. 그러나 맛있는 음식과 좋은 옷은 언제나 만족을 느낄 수가 없으며, 미인과 음악은 언제나 데리고 놀거나 들을 수도 없다. 그리고 또 형벌과 상에 의하여 금지되기도 하고 권면되기도 하며, 명예와 법에 의하여 나아가기도 하고 물러나기도 하여, 황망히 한때의 헛된 영예를 다투면서 죽은 뒤에 남는 영화(榮華)를 도모하여 우물쭈물 귀와 눈으로 듣고 보는 것을 삼가고, 자신의 생각하는 옳고 그름을 애석히 여겨 공연히 좋은 시절의 지극한 즐거움을 잃으면서 한시도 자기 뜻대로 행동하지 못한다. 그렇다면 형틀에 매어 있는 중죄수와 무엇이 다른가?

《열자》, 〈양주〉

양주는 하나뿐인 자신의 삶을 긍정하지 못하고 부수적인 것에 매몰되는 사람들을 "형틀에 매어 있는 중죄수"라고 비유하고 있다. 그는 우리에게 근본적인 물음을 제기한다. 당신은 즐겁게 현재

순간을 영위하고 있는가? 양주의 논의를 명료하게 하기 위해 노동과 놀이라는 개념을 살펴보자. 노동이 수단과 목적이 분리된 행동이라면, 놀이는 수단과 목적이 일치된 행동이다. 놀이는 행복과 즐거움을 추구하는 행위지만, 노동의 경우 행복과 즐거움은 목적을 달성했을 때 찾아온다.

예를 들어 어린아이가 부모를 따라 바닷가로 피서를 갔다고 해보자. 해가 뜨자마자 아이는 플라스틱 삽과 그릇을 가지고 바닷가로 달려가서, 모래성을 만드느라 한껏 즐거워할 것이다. 왜 아이는 쉬지 않고 모래성을 만드는 일에 몰입하는 것일까? 나아가 왜 아이는 이 행위로 인해 저절로 즐거워하고 행복해지는 것일까? 아이에게 모래성을 만드는 일은 수단이면서 동시에 목적이기 때문이다.

반면 우리는 모래성을 만드는 놀이를 변질시켜 하나의 고된 노동으로 만들 수 있다는 것에 주목해야 한다. 아이와 함께 피서지에 도착한 어머니가 아침이 되자마자 텐트에서 자고 있는 아이를 흔들어 깨우고 다음과 같이 말한다. "바닷가에 가서 모래성을 만들지 않으면 오늘 아침밥을 먹을 수 없다." 이제 이 아이에게 모래성을 만드는 것은 수단일 뿐이고 밥을 먹는 것이 목적이 된다. 이 경우 모래성을 만드는 것이 이전처럼 아이에게 즐거움과 행복을 가져다줄 수 있을까? 결코 그렇지 않을 것이다.

이처럼 양주는 삶이 하나의 수단이 아니라 그 자체로 목적일 수 있다는 철학적 전망을 제안했던 삶의 철학자였다. 그래서 그의 논의는 다분히 쾌락주의적인 것처럼 보인다. 그러나 이런 인상은 삶의 목적을 내재적인 것으로 보지 않고, 외적인 이념이나 명분으로

이해하는 맹자와 같은 도덕주의자에게만 가능할 것이다. 양주의
이야기를 하나 더 들어보자.

사람들이 휴식을 취하지 못하는 것은 다음 네 가지 일 때문
이다. 첫째는 수명, 둘째는 명예, 셋째는 지위, 넷째는 재물
이다. 이 네 가지에 얽매인 사람은 귀신을 두려워하고 사람
을 두려워하게 되며 위세를 두려워하고 형벌을 두려워하게
된다. 이런 사람을 두고서 도망치는 사람[遁人]이라 말하는
것이다. 죽여도 좋고 살려도 좋다. 생명을 통제하는 것은 외

부의 힘에 달려 있다. 운명을 거스르지 않거늘 어찌 장수〔壽〕를 부러워하겠는가? 귀함을 뽐내지 않거늘 어찌 명예를 부러워하겠는가? 권세를 추구하지 않거늘 어찌 지위를 부러워하겠는가? 부를 탐하지 않거늘 어찌 재물을 부러워하겠는가? 이렇게 생각하는 사람을 두고 따르는 사람〔順民〕이라말한다. (이 사람에게는) 천하에 대적할 것이 없고 생명을 통제하는 것이 내부의 힘에 달려 있게 될 것이다.

《열자》, 〈양주〉

양주는 삶 자체가 수단이면서 동시에 목적일 수 있는 경지, 즉 삶을 긍정하는 경지를 추구했다. 그래서 그는 삶 자체를 단순한 수단으로 만들고 부정적인 것으로 만들어버리는 모든 외적인 목적을 공격했다. 이런 외적인 목적들은 모두 삶에 대한 우리의 부정적인 태도와 밀접히 관련되어 있다. 양주는 이런 부정적이고 자기파괴적인 태도를 근본적으로 바꿀 것을 제안한다. 그래야만 "천하에 대적할 것이 없"을 정도로 당당한 삶을 영위할 수 있을 뿐만 아니라 "내부의 힘"에 의해 살아가는 자유인이 될 수 있기 때문이다.

4. 양주는 이기주의자인가

맹자에 따르면 양주는 군주를 부정하는 반사회적인 이기주의자였다. 맹자의 지적이 옳다면 그는 당시 군주들에게 전혀 영향력을

발휘할 수 없었을뿐더러 탄압받았을 것이다. 그러나 우리는 군
주들이 맹자보다 양주를 더 선호했음을 어렵지 않게 확인할
수 있다. 한비자의 이야기를 들어보자.

맹자

> 지금 여기에 어떤 사람이 있는데 위태로운 성에 들어
> 가지 않고 군대에 참여하지 않는 것을 의롭게 여겨
> 서 천하의 큰 이익을 정강이에 난 털 하나와도 바
> 꾸지 않으려고 한다. 그런데도 세상의 군주들은 그를
> 따르고 예우하며 그의 지혜를 귀하게 여기고 그의
> 행동을 높이면서 외물을 가볍게 여기고 삶을 중시하
> 는 선비라고 생각한다. 대저 윗사람이 좋은 땅과 커다
> 란 집을 진열하고 작록(爵祿, 관작과 봉록)을 베푸는 것은 백
> 성들의 목숨과 바꾸기 위해서다. 지금 윗사람이 외물을 가
> 볍게 여기고 삶을 중시하는 선비를 존중하면서도, 백성들은
> 윗사람의 일을 위해 죽는 것을 중하게 여기기를 바라는데,
> 이것은 이루어질 수 없는 일이다.

《한비자》, 〈현학(顯學)〉

　양주를 반사회적인 이기주의자로 내몰고 있는 맹자와 달리 한비
자는 그의 사상을 정치철학적으로 진지하게 고려하고 있다. 인용
문은 양주의 사상이 당시 군주들에게 영향력을 미치고 있었으며,
한비자가 양주 사상의 정치철학을 경계했다는 것을 말해준다. 강
력한 전제 군주정치를 지향했던 한비자의 사유체계에서 백성들은

이해타산적인 존재다. 사실 백성은 자신에 대해 이익과 해로움을 계산할 수 있을 때만 군주가 주는 상과 벌에 민감하게 반응하며, 국가의 부국강병에 참여하기 때문이다. 만약 백성들이 양주가 권고하는 것처럼 군주가 내리는 상이나 벌을 외적인 것이라고 가볍게 여긴다면, 어떻게 이들이 군주를 위해서 죽을 수 있겠는가? 여기서 한비자는 정치철학으로서의 양주 사상이 전제 군주정치에 대립되는 것임을 직감했던 것이다. 만약 양주의 사상이 맹자의 지적처럼 이기주의였다면, 한비자는 이런 걱정을 하지 않았을 것이다. 왜냐하면 이기주의자는 만약 자신에게 이롭다면, 그것이 군주의 명령이라도 들을 준비가 되어 있는 사람이기 때문이다. 그렇다면 이제 양주의 정치철학적 입장을 직접 확인해보자.

우임금

홍수로 얼룩진 중국대륙을 구하기 위해 요(堯)임금은 치수사업에 실패한 곤(鯀)을 이어 그의 아들 우(禹)에게 그 사업을 다시 맡겼다. 그는 아버지의 전철을 밟지 않기 위해서 열심히 노력하다가 마침내 사업을 시작한 지 13년 만에 치수사업을 성공적으로 마무리했다고 한다.

백성자고(伯成子高)는 한 개의 터럭으로도 남을 이롭게 하지 않고, 나라를 버리고 숨어서 밭을 갈았다. 우(禹)임금은 한 몸을 가지고 스스로를 이롭게 하지 않고 그의 몸을 지치고 깡마르게 만들었다. 옛날 사람들은 한 개의 터럭을 뽑음으로써 천하가 이롭게 된다 해도 뽑지 않았고, 천하를 다 들어 자신에게 준다 해도 받지 않았다. 사람마다 한 개의 터럭도 뽑지 않고, 사람마다 천하를 이롭게도 하지 않는다면 천하는 저절로 다스려질 것이다.

《열자》, 〈양주〉

양주는 천하에 평화가 도래하기를 바란다면, 우리가 천하를 이

롭게 한다는 생각 자체를 버려야만 한다고 주장한다. 여기서 우리
는 다시 한번 양주가 결코 반사회적 이기주의자가 아니었다는 사
실을 확인하게 된다. 그는 사회를 병들게 하는 원인으로 인간이 가
진 사회적 이념이나 목적을 꼽았다. 삶에 대해 외적인 목적을 가지
고 있을 때, 우리의 삶은 하나의 수단으로 전락하게 된다. 그러나
더 무서운 사실은 자신이 생각한 목적이나 이념을 이루기 위해 다
른 사람의 삶을 수단으로 만들려는 지식인의 시도라고 할 수 있다.

이것이 바로 양주의 사상이 동시대 군주들에게 선호되었던 이유다. 즉 유가나 묵가, 법가 등의 사상을 받아들인다면 군주는 자신의 삶을 그 이념을 실현하기 위한 수단으로 만들어야 하지만, 양주의 사상에서는 군주 자신의 삶 자체가 목적이 되는 것이다. 그런데 군주가 양주의 사상을 받아들인다면 군주의 삶은 긍정될 수 있으나 전제적인 군주정치 자체는 소멸될 수밖에 없다. 왜냐하면 부국강병이라는 국가나 군주의 목적이 소멸됨에 따라, 이런 목적을 실현하기 위한 전쟁이나 살육의 여지가 없어지기 때문이다. 여기서 우리는 한 가지 흥미로운 사실을 확인하게 된다. 그것은 역설적이게도 양주의 정치사상이 맹자의 지적처럼 군주를 무시하는[無君] 일종의 아나키즘으로 귀결된다는 점이다.

5. 장자에게 영향을 주다

양주는 삶의 가치를 숙고하고 긍정하는 삶의 철학을 주장했다. 동시에 그는 일종의 불간섭주의적인 정치철학을 제안했는데, 이로 인해 동양적 아나키스트로 평가받기도 한다. 양주의 철학적 영향력은 유가 이론가인 맹자나 법가 이론가인 한비자도 가볍게 여길 수 없을 정도였다. 삶에 대한 양주의 철학적 통찰이 전국시대 중기까지 막강한 영향력을 끼쳤다는 사실은 당시 사람들에게 그의 철학이 얼마나 호소력이 있었는지를 암시한다. 그러나 아쉽게도 무력에 의한 통일이 대세로 흘러가자, 양주와 그의 학파의 사상은 의도적으로 부정되고 배제되는 운명을 겪게 된다.

흥미로운 것은 양주의 사상이 장자에 의해 계승된다는 점이다. 장자 철학에 가장 결정적인 영향을 미친 두 사상가 중 한 명이 혜시이고, 다른 한 명이 바로 양주다. 장자와 그의 학파의 사상을 담고 있는 《장자》의 도처에 삶을 긍정하는 삶의 철학과 아나키스트적인 정치철학이 산재해 있는 것도 바로 이 때문이다. 물론 장자가 양주의 사상을 맹목적으로 수용한 것은 아니다. 장자는 양주의 철학적 전언 중 '생명을 온전히 하고 참된 것을 보존한다'는 측면은 수용하지만, '외적인 것들과의 연루를 끊어야 한다'는 측면은 수용하지 않는다. 장자에 따르면 혼자의 힘으로 삶을 영위할 수 없는 인간이 외적인 모든 것과의 관계를 끊는다는 것은 불가능한 것일 뿐만 아니라, 인간의 자기완성을 위해서도 바람직하지 않기 때문이다. 그러나 양주의 철학이 없었다면, 장자의 철학은 지금과는 상당히 다른 모습을 띠었을 것이라는 점은 확실하다.

장자

양주가 들려주는 이야기

　　화자(華子)는 "온전한 삶이 최고이고, 부족한 삶이 그 다음이며, 죽음이 그 다음이고, 핍박받는 삶이 가장 아래다"라고 했다. 그러므로 이른바 존중되는 삶이란 온전한 삶을 의미한다. 이른바 온전한 삶은 여섯 가지 욕망이 모두 그 마땅한 바를 얻은 것을 뜻한다. 이른바 부족한 삶은 여섯 가지 욕망이 부분적으로만 그 마땅하다고 여기는 것을 얻은 것을 뜻한다. 삶을 부족하게 만들면 삶을 존중하는 것이 옅어질 것이다. 부족하게 하는 것이 심해지면 존중하는 것은 옅어지기 때문이다. 이른바 죽음은 지각할 수 없게 되어 태어나기 이전으로 돌아가는 것이다.

이른바 핍박받는 삶은 여섯 가지 욕망이 모두 그 마땅하다고 여기는 것을 얻지 못하고 모두 매우 싫어하는 것을 얻은 것이니, 복종도 이것이고 치욕도 이것이다. 치욕에는 불의함보다 큰 것이 없다. 그러므로 불의한 것이 핍박받는 삶이다. 핍박받는 삶은 불의함만을 의미하는 것이 아니기에, 핍박받는 삶은 죽음보다 못하다.

이러한 이치를 어떻게 알 수 있는가? 귀가 싫어하는 것을 듣는 것은 차라리 듣지 않는 것만 못하고, 눈이 싫어하는 것을 보는 것은 차라리 보지 않는 것만 못하다. 그래서 천둥이 울리면 귀를 막고 번개가 치면 눈을 가린다. 무릇 여섯 가지 욕망이 각기 그 매우 싫어하는 것을 알지만 피할 수 없는 경우라면, 이는 이를 지각할 수 없게 되는 것보다 못하다. 이 지각할 수 없게 되는 경우가 곧 죽음을 가리킨다. 그러므로 핍박받는 삶은 죽음보다 못하다. 맛있는 고기는 썩은 쥐를 가리키는 것이 아니고 맛있는 술은 썩은 술을 가리키는 것이 아니듯이, 존중되는 삶은 핍박받는 삶을 가리키는 것이 아니다.

《여씨춘추》, 〈귀생(貴生)〉

子華子曰, 全生爲上, 虧生次之, 死次之, 迫生爲下. 故所謂尊生者, 全生
之謂. 所謂全生者, 六欲皆得其宜也. 所謂虧生者, 六欲分得其宜也. 虧
生則於其尊之者薄矣. 其虧彌甚者也, 其尊彌薄. 所謂死者, 無有所以知,
復其未生也. 所謂迫生者, 六欲莫得其宜也, 皆獲其所甚惡者, 服是也,
辱是也. 辱莫大於不義, 故不義, 迫生也, 而迫生非獨不義也, 故曰迫生
不若死. 奚以知其然也? 耳聞所惡, 不若無聞, 目見所惡, 不若無見. 故雷
則揜耳, 電則揜目, 此其比也. 凡六欲者, 皆知其所甚惡, 而必不得免, 不
若無有所以知, 無有所以知者, 死之謂也, 故迫生不若死. 嗜肉者, 非腐
鼠之謂也, 嗜酒者, 非敗酒之謂也, 尊生者, 非迫生之謂也.

한자 풀이

虧(휴) : 이지러지다, 망가지다   服(복) : 복종

迫(박) : 핍박하다   辱(욕) : 치욕

宜(의) : 마땅함, 적절함   揜(엄) : 가리다

彌(미) : 더욱   嗜(기) : 즐기다

獲(획) : 얻다

깊이 읽기

화자는 철학사에서 양주 학파에 속하는 사상가로 알려져 있는 인물이다. 우리는 그로부터 양주 학파가 어떻게 양주의 사상을 발전시키고 있는지를 확인할 수 있다. 물론 화자도 스승인 양주와 마찬가지로 온전한 삶〔全生〕의 가치를 긍정하고 있다. 온전한 삶이란 삶 자체가 수단이면서 동시에 목적일 수 있다는 것을 의미한다. 그런데 화자는 핍박받는 삶〔迫生〕을 죽음보다 못하다고 주장한다. 핍박받는 삶의 사례로 그가 들고 있는 것이 타인에 대한 복종과 또한 타인에 의한 치욕이다. 이 점에서 우리는 양주 학파 역시 양주와 마찬가지로 삶에 대한 긍정을 아나키스트적인 정치철학과 연결시키고 있다는 사실을 다시 한번 확인하게 된다. 자신의 삶을 부정하느니 차라리 죽겠다는 각오, 이것이 바로 양주나 그의 학파가 강조했던 자유인의 정신이다.

 더 읽어볼 만한 책

강신주,《장자의 철학─꿈, 깨어남 그리고 삶》(태학사, 2004)

필자의 박사 학위학문을 토대로 씌어진 전문적인 장자 연구서이다. 양주의 사상이 어떻게 장자의 사상에 흡수되는지, 그리고 장자가 어느 지점에서 양주의 영향을 수용하고 거부하는지를 잘 보여주고 있다. 특히 이 책 제1부에 실려 있는 전국시대 중기의 사상사적 경향을 논한 부분은 당시에 가장 강력한 영향력을 발휘했던 양주,

묵자, 장자, 맹자, 혜시, 송견(宋鈃) 등의 사상을 입체적으로 다루고 있어 제자백가 사상에 관심을 가진 전문가뿐 아니라 일반 독자에게도 많은 도움을 줄 것이다.

열자, 《열자》, 김학주 옮김 (을유문화사, 2000)
《열자》는 보통 《노자》, 《장자》와 함께 도교 계열 사람들에게 신성시되는 경전으로, 제자백가의 사상을 모아서 만든 책이다. 특히 《장자》와 유사한 부분이 20여 곳이나 발견되고 있다. 그러나 이 책이 중요한 이유는 양주의 사상을 간접적으로나마 알려 주는 〈양주〉편이 실려 있기 때문이다. 제자백가와 관련된 많은 고전을 번역했던 옮긴이는 각 조목마다 원문과 번역문을 병기하고, 이해를 돕기 위해 친절한 해설을 덧붙였다. 양주에 관심이 있는 독자에게 많은 도움을 줄 것이다.

제5장

맹자—
인간에게는 도덕적 본성이 존재한다

맹자

맹자(기원전 372? ~289?)는 추(鄒) 나라 사람이다.

1. 유학을 다시 세우다

맹자가 살았던 전국시대에는 국가 간의 전쟁이 갈수록 치열해졌다. 실제로 당시의 여러 국가, 예를 들어 진나라, 초나라, 위나라 그리고 제나라 등은 부국강병을 도모하는 법가와 병가의 정책에 치중할 수밖에 없었다. 결국 이런 움직임은 군주의 절대권을 강화했고, 지식인의 자율적인 활동은 상대적으로 위축되었다. 맹자는 당시 급격히 강화되어가던 군주의 절대권력을 견제하려 했다. 그러므로 맹자의 학설이 당대의 군주들에게 진지하게 받아들여지지 못했던 것은 당연한 일인지도 모른다. 만년에 정계에서 물러난 후 그는 자신의 고향인 추나라로 돌아와 제자 만장(萬章) 등과 함께 자신의 사유를 정리하는데, 이때 정리된 내용이 오늘날 전해지는 《맹자》에 실려 있다.

맹자는 공자로부터 유래한 유학 사상을 철학적으로 옹호하려 했지만, 당대에 유학 사상은 전혀 힘을 쓰지 못하고 있었다. 오히려 새롭게 등장한 묵자와 양주 등의 사상가에 의해 철저하게 비판받고 있었다. 맹자는 자신의 학문적 소명의식을 다음과 같이 피력했다. "양주와 묵적의 도가 그치지 않으면 공자의 도가 드러나지 않으니 이것은 사악한 학설이 백성을 속이고 인의를 막아버린 것이다. 인의가 완전히 막히면 짐승을 몰아 사람을 잡아먹게 하는 것이고 사람들이 장차 서로를 잡아먹게 하는 것이다……양주와 묵적을 막아 낸다고 말할 수 있는 자는 성인의 무리일 것이다."(《맹자》〈등문공 하〉) 양주와 묵자의 철학을 이론적으로 무력화시키고 공자의 유학 사상을 새롭게 공고화하는 것, 바로 이것이 맹자의 포부였다.

만장은 맹자의 제자로, 주로 유학에서 성인으로 간주되는 군주나 재상들, 다시 말해 요임금, 순(舜)임금, 우임금, 이윤(伊尹) 등의 역사적 사적이 갖는 철학적 의의에 대해 많은 관심을 가지고 있었다. 《맹자》〈만장 상〉과 〈만장 하〉에는 이와 관련된 만장과 맹자의 철학적 대화가 수록되어 있다.

공자의 묘

2. 어진 정치를 지향하다

맹자에 따르면 양주의 철학은 '자신만을 위하기' 때문에 군신(君臣) 관계를 핵심으로 하는 국가질서를 부정한다. 한편 묵자의 철학은 '모든 사람들을 무차별적으로 사랑하기' 때문에 부자 관계를 핵심으로 하는 가족질서를 부정한다. 만약 국가질서와 가족질서가 붕괴된다면, 인간은 인간으로서의 삶을 영위할 수 없고, 짐승과 다름없는 반문명적이고 야만적인 생활을 영위하게 될 것이다. 이런 진단을 통해 맹자는 인간을 인간답게 해줄 유학 사상을 재건하려고 시도한다. 그에 따르면 유학은 가족질서와 국가질서를 동시에 정당화해주는, 따라서 전국시대의 혼란을 근본적으로 종식시킬 수 있는 힘을 가진 유일한 사상이다. 이런 맹자의 확신은 제나라 선왕(宣王)에게 자신의 정치적 식견, 즉 '어진 정치[仁政]'의 필요성을 피력하는 부분에서 명확하게 드러난다.

제나라 환공과 진나라 문공은 춘추시대에 패권을 장악했던 왕이다. 중국 춘추시대 다섯 명의 패자를 춘추오패(春秋五覇)라 하는데, 보통 제후를 모아서 그 회맹(會盟)의 맹주가 된 자를 패자라고 하므로 구체적으로 누구를 지칭하는지는 일정하지 않다. 《순자》에서는 제나라 환공, 진나라 문공, 초나라 장왕(莊王), 오나라 합려, 월나라 구천(句踐)을 다섯 패자로 들었다.

제나라 선왕이 물었다. "제나라 환공(桓公)과 진나라 문공(文公)의 일에 대해 들을 수 있겠는가?"
맹자가 대답했다. "공자의 제자들은 환공과 문공의 일에 대해 말한 것이 없어서 후세에 전해지지 않았기 때문에 신도 듣지 못했습니다. 말할 것이 없다면 왕도에 대해 말씀드려도 되겠습니까……신이 호흘(胡齕, 제나라 선왕의 측근 신하)에게 들으니, 왕께서 당상에 앉아 계실 때 당 아래로 소를 끌고 지나가는 자가 있었는데 왕께서 그것을 보시고는 '소를 어디로 데리고 가느냐?'라고 물으셨습니다. 그가 '흔종(釁鐘, 새로 만든 종의 갈라진 틈에 소의 피를 바르는 것)을 하려고 합니다'라고 대답하자, 왕께서 '그만 두어라. 나는 그 소가 두려워 벌벌 떨면서 죄 없이 도살장에 끌려가는 것을 차마 보지 못하겠구나[不忍]'라고 말씀하셨습니다……이 마음이면 충분히 왕이 될 수 있습니다……이것이 바로 인을 베푸는 방법입니다……군자는 금수에 대해서라도 그것이 살아 있는 것을 보면 그것이 죽어가는 것을 차마 보지 못하며, 그것이 애처롭게 우는 소리를 들으면 그 고기를 차마 먹지 못합니다. 이 때문에 군자는 푸줏간을 멀리합니다……나의 집 어른을 어른으로 대접하고 그 마음으로 다른 집 어른에게 미치도록 하며 나의 집 아이를 아이답게 대하고 그 마음으로 다른 집 아이에게까지 미치면, 천하를 손바닥 위에서 움직일 수 있습니다……그러므로 이 은혜로운 마음을 잘 밀고나갈 수 있으면 천하를 보호할 수 있지만, 이 은혜로운 마음을 밀고나가지 못하면 자기 처자식도 보호할 수 없습니다. 옛사람이 오늘날의 사람보다 크게 빼어난 점은, 다른 것이 아니라 그 행하는 바를 잘 밀고나간 것일 뿐입니다. 지금 은혜가 충분히 금수에게까지도 미칠 수 있는데, 유독 그 공덕이 백성에게 이르지 못하는 것은 어째서입니까……이제 왕께서 정치를 펼치실 때 인정을 베푸셔서, 천하의 벼

슬아치들이 모두 왕의 조정에서 벼슬하고자 하고, 농사짓는 사람들이 모두 왕의 땅에서 농사짓고자 하고, 상인들이 모두 왕의 시장에 물건을 저장하고자 하고, 여행객들이 모두 왕의 길로 다니고자 하고, 세상에서 자기 군주를 욕하고자 하는 사람들이 모두 왕에게로 와서 하소연하고 싶게 만드십시오. 이와 같이 하신다면 그 누가 막을 수 있겠습니까?

《맹자》, 〈양혜왕(梁惠王) 상〉

당시 제후국 중 가장 강력한 국가인 제나라의 군주 선왕은 '어떻게 하면 부국강병을 이룰 수 있으며, 나아가 그것을 통해 전국시대의 진정한 패자(覇者)가 될 수 있을까?' 하는 생각에서 맹자에게 이전의 왕들에 대한 질문을 던진다. 그러나 선왕의 기대와는 달리 맹자는 그에게 유학 사상에 입각한 정치, 즉 인정을 실천하라고 권고한다. 맹자에 따르면 도살장에 끌려가는 소를 아끼는 마음이 가족과 국가로 확장될 수만 있다면, 전국시대의 혼란을 종식시키고 천하를 통일할 수 있을 것이라고 말한다. 누구나 자신을 아껴주는 군주를 존경할 것이고, 그의 신하나 백성이 되기 위해서 그에게 몰려들 것이기 때문이다.

3. 인간에게는 선한 본성이 있다

제나라 선왕과 맹자의 대화에서 중요한 것은 제나라 선왕에게

짐승에게도 '잔인하게 대우하지 않는 마음'이 있었다는 점이다.
바로 이 '잔인하게 대우하지 않는 마음'이 인간 모두에게 있다는
것이 맹자의 그 유명한 성선설(性善說)의 핵심 논거다. 다른 사람
을 잔인하게 대우하지 않는 '인한 마음'과 그에 입각한 정치로서
의 '인정' 사이의 관계를, 맹자는 다음과 같이 명확히 철학적으로
체계화하고 있다.

사람에게는 모두 다른 사람을 잔인하게 대우하지 않는 마음
이 있다. 선왕(先王)에게도 다른 사람을 잔인하게 대우하지
않는 마음이 있었고, 그래서 다른 사람을 잔인하게 대우하

지 않는 정치가 있었다. 다른 사람을 잔인하게 대우하지 않는 마음으로 다른 사람을 잔인하게 대우하지 않는 정치를 행하면, 천하를 다스리는 것이 마치 손바닥 위에 올려놓고 움직이는 것과 같을 것이다. 지금 갑자기 어린아이가 장차 우물에 빠지는 상황을 당하게 되면, 누구나 깜짝 놀라고 측은해하는 마음을 갖게 된다. 그것은 어린아이의 부모와 교분을 맺으려 해서도 아니고, 동네 사람들과 친구들의 칭찬을 바라서도 아니고, 그 아이의 울음소리를 듣기 싫어해서 그렇게 한 것도 아니다. 이러한 상황을 관찰한다면 '측은해하는 마음[惻隱之心]'이 없으면 사람이 아니고, '부끄러워하고 미워하는 마음[羞惡之心]'이 없으면 사람이 아니고, '사양하는 마음[辭讓之心]'이 없으면 사람이 아니고, '시비를 가리는 마음[是非之心]'이 없으면 사람이 아니다. 측은지심은 인의 단서이고, 수오지심은 의(義)의 단서이고, 사양지심은 예의 단서이고, 시비지심은 지(智)의 단서이다.

《맹자》, 〈공손추(公孫丑) 상〉

맹자는 인간에게는 네 가지 선한 마음, 즉 측은지심, 수오지심, 사양지심, 그리고 시비지심이 있다는 점을 들어 인간의 본성[性]은 원래 선하다고 주장한다. 이 점을 논증하기 위해서 맹자는 네 가지 마음 중 측은지심의 사례를 분석한다. 맹자에 따르면 측은지심은 주체의 의식적인 반성이나 현상적인 감각경험으로부터 발생할 수 없다. 분명 측은지심이 발생하긴 했는데, 그것이 나의 의식적 사유나 현실적인 경험에서 출현한 것이 아니라면, 그것은 어디에서 발생한 것일까?

여기서 맹자는 본성이라는 개념을 도입한다. 인간은 태어날 때부터 측은지심이 발생할 수 있는 잠재성을 가지고 태어났다는 것이다. 다시 말해 주체의 의식적 사유나 수동적인 감각경험이 없음에도 불구하고 인간에게 측은지심 같은 마음이 발생했다면, 그것은 태어날 때 우리 자신에게 부여된 천부적인 잠재성으로서의 본성이 있다는 증거다. 이렇듯 주체의 의식적 반성에서 유래하지 않

는 마음의 다양한 상태로 맹자는 측은지심 이외에도 수오지심, 사양지심 그리고 시비지심을 예로 든다. 다시 말해 어린아이가 우물에 빠지려고 할 때 저절로 발생하는 측은하게 여기는 마음이 본성에서 유래한 것이라면, 어떤 행위에 대해 부끄럽게 여기는 마음으로서의 수오지심, 어른을 만나면 그에게 양보하게 되는 마음으로서의 사양지심, 그리고 어떤 사태에 대해 옳고 그름을 판단하는 마음으로서의 시비지심 등도 모두 우리 내면의 깊은 곳에 있는 본성에서 유래한다는 것이다.

4. 자기 수양을 완성한 사람만이 통치자가 되어야 한다

맹자에 따르면 모든 인간은 측은지심, 수오지심, 사양지심, 시비지심, 즉 사단(四端)을 선천적으로 가지고 있다. 그것을 내면에서 확인하여 항상 실현시킬 수만 있다면, 누구나 '성인'이 될 수 있다. 이것이 맹자 성선설의 중요한 취지다. 그런데 여기서 잊지 말아야 할 것은, 맹자가 이 성선설을 인정이라는 정치적 이상을 실현하기 위해 도입했다는 점이다. 맹자의 윤리학은 도덕정치론의 일부분이다. 통치자가 자신이 선천적으로 지닌 사단을 가족뿐 아니라 국가에까지 확장할 수 있다면, 그는 천하를 통일할 수 있는 황제가 될 것이기 때문이다. 반대로 이 논리는 현존하는 통치자를 축출하는 혁명의 논리로 사용될 수 있다. 제나라 선왕에게 던진 맹자의 다음 이야기는 통치자에게 거의 위협처럼 느껴졌을 것이다.

제나라 선왕이 물었다. "탕왕(湯王)이 걸왕(桀王)을 쫓아내고 무왕(武王)이 주왕을 정벌한 일이 있었는가?"

맹자가 대답했다. "옛날 책에 그런 일이 있었습니다."

"신하가 임금을 죽일 수 있는가?"

"인을 파괴하는 사람은 도적이고, 의를 파괴하는 사람은 강도입니다. 도적이나 강도는 하나의 (하찮은) 장부(丈夫)일 뿐입니다. 한 장부를 죽였다는 말은 들었지만 임금을 죽였다는 말은 듣지 못했습니다."

《맹자》, 〈양혜왕 상〉

은나라 탕왕이 하(夏)나라 걸왕을 멸망시키고 주나라 무왕이 은나라 주왕을 멸망시킨 것을 가리킨다. 걸왕과 주왕은 사치와 주색에 탐닉한 폭군으로 유명하다.

유학 사회에서 신하는 결코 군주를 살해할 수 없다. 이것은 마치 자식이 부모를 살해하는 것처럼 반인륜적인 범죄이기 때문이다. 그러나 맹자는 인정을 펼치지 못하는 군주는 군주로서의 자격을 잃은 평범한 보통 사람에 지나지 않으므로 축출하거나 심지어 살해해도 된다고 말한다. 또한 이 말은 누구나 군주가 될 수 있음을 함축하는 도발적인 메시지로 보인다. 만약 맹자의 말대로 모든 사람이 선천적으로 선한 본성을 가지고 있다면, 모든 사람은 원리적으로 평등하게 군주가 될 수 있는 자격을 가지고 있기 때문이다. 군주를 축출하는 혁명의 논리까지 주장했던 맹자라면 혹시 사회적 위계를 부정했던 인물은 아니었을까?

그러나 그는 결코 단 한 번도 지배자와 피지배자로 나뉜 사회적 위계를 부정한 적이 없다. 군자(君子)와 소인(小人)이라는 사회적 위계를 긍정했던 공자와 마찬가지로, 맹자 역시 정신노동에 종사하

공자의 군자와 소인이란 기본적으로 사회적 신분을 나타내는 개념으로, 각각 정신노동에 종사하는 지배층과 육체노동에 종사하는 피지배층을 의미한다. 반면 이런 신분계층이 거의 와해된 뒤 맹자가 사용한 대인과 소인 개념에 따르면, 대인은 도덕적으로 수양이 완성된 사람을, 소인은 그렇지 않은 사람을 의미한다.

는 대인(大人)과 육체노동에 종사하는 소인으로 구성된 일종의 사
회분업론을 지지했다.

대인의 할 일이 있고, 소인의 할 일이 있습니다……어떤 사
람은 정신노동[勞心]을 하고, 어떤 사람은 육체노동[勞力]
을 합니다. 정신노동을 하는 사람들은 다른 사람들을 다스
리고, 육체노동을 하는 사람들은 그 사람들로부터 다스림을
받습니다. 다스림을 받는 사람들은 그 사람들을 먹여주고,

다스리는 사람들은 그 사람들로부터 얻어먹는 것이 천하에
보편적인 원칙입니다.

《맹자》, 〈등문공 상〉

맹자의 사회분업론이 의미가 있다는 것을 받아들인다고 해도,
우리는 다음과 같이 물을 수밖에 없다. 도대체 무슨 이유로 어떤
사람은 지배자[大人]가 되고 또 어떤 사람은 피지배자[小人]가 되
는가? 이런 의문은 결코 새로운 것도 이상한 것도 아니다. 맹자의
제자인 공도자(公都子)가 이미 자신의 스승에게 이런 질문을 던진
적이 있기 때문이다.

 공도자는 맹자를
따르던 제자였던
것으로 보이지만, 이 사람이
정확히 어떤 사람이었는지는
분명하지 않다. 하지만 맹자가
제나라의 직하학궁에 머물고
있을 때 공도자를 만난 것은
분명한 것 같다. 《맹자》, 〈고자
(告子)〉편을 보면 공도자는 고
자와의 논쟁에서 맹자의 철학
을 대변하는 사람으로 그려지
고 있는데, 이런 철학적 논쟁
이 가능했던 곳은 당시에는
직하학궁이 유일했다.

공도자가 물었다. "똑같은 사람인데 어떤 사람은 대인이 되
고 어떤 사람은 소인이 되는 것은 어째서입니까?"
맹자가 대답했다. "대체(大體)를 따르면 대인이 되고 소체(小
體)를 따르면 소인이 된다."
공도자가 물었다. "똑같은 사람인데 어떤 사람은 대체를 따
르고 어떤 사람은 소체를 따르게 되는 것은 어째서입니까?"
맹자가 대답했다. "귀나 눈 같은 감각기관은 생각하지 못하
므로 사물에 의해 지배되기 쉽다. 귀와 눈 같은 감각기관은
청각이나 시각 대상을 만나면 그것에 끌려 다닌다. 마음이
라는 기관은 생각할[思] 수 있는데 생각하면 얻게 되고 생각
하지 못하면 얻지 못하게 된다. 감각이나 마음과 같은 기관
들은 하늘이 내게 부여한 것인데, 먼저 큰 것을 세우면 작은

것이 빼앗지 못한다. 이것이 바로 대인일 따름이다."

《맹자》, 〈고자 상〉

여기서 주목해야 할 것은 '생각〔思〕'이라는 개념이다. 맹자에게 생각은 주체가 자신의 내면에 있는 본성을 내성적으로 직관하는 것을 의미한다. 다시 말해 감각기관을 통해서 외적인 것에 대해 생각하는 것이 아니라 자신의 내면의 본성을 직관해서 그것을 구체적 삶에 적용할 수만 있다면, 주체가 누구든지 앞서 말한 성인이나 진정한 의미의 대인이 될 수 있다는 것이다. 이렇게 될 때 그는 통치라는 정신노동에 종사하는 지배계층에 속할 수 있게 된다. 이 점에서 맹자가 대인의 역할이라고 말했던 정신노동이란 표면적으로 통치 행위이지만, 그 심층에 있어서는 자신의 본성을 직관하고 구체적인 삶에 적용하려는 수양 행위다. 따라서 맹자의 '측은지심' 윤리학은 단순히 윤리학적인 논의에만 그치는 것이 아니라, 최종적으로는 도덕정치론의 일단으로 사유된다. 그에게 수양의 완성 여부는 직접적으로 한 인간을 지배층이나 피지배층으로 나누는 정당성의 근거로 작동했기 때문이다.

5. 성선설과 유학의 전통

당시 지배적인 사상이었던 묵자와 양주를 공격하면서, 맹자는 전국시대의 군주들에게 새로운 정치적 전망을 제안했다. 바로 어진 정치, 즉 인정이었다. 그러나 그의 정치적 유세는 매번 실패하고 만다. 당시 정치 체제가 주로 법가나 병가가 제안하는 법치로 기울고 있었다는 점을 생각해보면, 맹자의 실패는 이미 예견된 것이었다. 그러나 그는 인정을 정당화하는 과정에서 유명한 성선설이라는 이론을 제안한다. 그의 생각에 따르면 인간의 본성은 선하기 때문에, 수양을 통하면 누구나 절대적으로 선한 인간, 즉 성인이 될 수 있다는 것이다. 나아가 그는 성인이 통치하면 천하의 혼란이 종식될 수 있을 것이라는 확신을 피력한다.

맹자의 업적과 위상을 기리기 위한 현판. 아성(亞聖)은 유학에서 공자 다음가는 성인(聖人)이라는 의미로, 맹자를 이르는 말이다.

전쟁으로 얼룩져 있던 당시 군주들에게 맹자의 사상은 별다른 설득력을 갖지 못했다. 그러나 맹자의 사상은 제국의 질서가 갖추어진 한나라 이후부터 중국인들에게 강한 영향을 미치게 된다. 전쟁과 갈등이 사라진 안정적 질서하에서, 중국 지식인들은 자기 수양의 필요성과 그 방법에 대한 논리를 맹자에게서 구했다. 사상사적으로 인간은 외부와의 갈등이 사라지면 내면세계에 침잠하는 경향을 보이기도 하지만, 맹자 이후의 중국 지식인 사회에서 인간 내면을 탐구하는 유학 사상이 계속해서 발전할 수 있었던 근간은 맹자의 성선설에 있다. 심신 수양을 강조하는 성리학(性理學)이든 실생활의 유익을 추구하는 실학(實學)이든, 비록 방법론은 바뀌었을지라도 그 뿌리에는 언제나 인간의 내면에 선한 본성이 있다는 믿음이 자리 잡고 있었던 것이다.

성리학을 집대성한 주희(朱熹)

맹자가 들려주는 이야기

　　고자(告子)가 말했다. "본성은 소용돌이치는 물과 같아서, 동쪽으로 터주면 동쪽으로 흘러가고, 서쪽으로 터주면 서쪽으로 흘러간다. 사람의 본성에 선과 불선의 구분이 없는 것은 물에 동과 서의 구분이 없는 것과 같다."

　　맹자가 말했다. "물에 진정 동서의 구분은 없지만 위아래의 구분도 없겠는가? 사람의 본성이 선한 것은 물이 아래로 흘러가는 것과 같다. 사람은 선하지 않음이 없고 물은 아래로 흘러가지 않는 경우가 없다. 지금 물을 쳐서 튀게 하면 이마를 지나가게 할 수 있고 세차게 밀어 보내면 산 위에 있게 할 수도 있다. 이것이 어찌 물의 본성이겠는가? 그 외적인 힘이 그렇게 한 것일 뿐이다. 사람을 선하지 않게 할 수도 있지만, 그 본성은 또한 이와 같을 뿐이다."

《맹자》, 〈고자 상〉

> 告子曰, "性猶湍水也, 決諸東方則東流, 決諸西方則西流. 人性之無分
> 於善不善也, 猶水之無分於東西也."
> 孟子曰, "水信無分於東西, 無分於上下乎? 人性之善也, 猶水之就下也.
> 人無有不善, 水無有不下. 今夫水, 搏而躍之, 可使過顙, 激而行之, 可使
> 在山. 是豈水之性哉? 其勢則然也. 人之可使爲不善, 其性亦猶是也."

한자 풀이

湍(단) : 소용돌이 물　　　　　　　躍(약) : 뛰다

決(결) : 물을 트다　　　　　　　　顙(상) : 이마

信(신) : 진실로　　　　　　　　　激(격) : 세차게 흘러가게 하다

搏(박) : 치다, 때리다

깊이 읽기

고자는 인간의 본성이 지닌 원초적 유동성과 활동성을 강조하고자 '소용돌이치는 물〔湍水〕'의 비유를 든다. 인간의 삶이 지닌 생명력을 그대로 표현하는 단수(湍水)는 동쪽으로도 서쪽으로도 흘러갈 수 있다. 그런데 이러한 고자의 입장에 대한 맹자의 반응이 흥미롭다. 맹자는 고자와 달리 단(湍)이라는 글자가 함축하는 자생적 생명력을 논점에서 제거해버리고 오히려 일반화된 물〔水〕만을 논점으로 취한다. 맹자는 고자처럼 내적으로 활력을 가진 소용돌이치는 물이 아니라, 고요하게 멈추어 정체되어 있는 물을 비유로 사용하면서 자신의 성선설을 주장한다. 다시 말해 그는 고자의 소용돌이치는 물을 '물 일반'의 특수한 사례 정도로 평가절하한 것이다. 맹자에 따르면 고자가 주목했던 소용돌이치는 물은 단지 '외적 힘'에 의해 일순간 그렇게 된 현상적인 상태에 불과하다. 그런데 이런 식으로 고자의 비유를 비판한 맹자역시 '물이 아래로 흐르려는 경향'을 '물 일반'의 속성으로 해석하고 있다.

더 읽어볼 만한 책

백민정,《맹자—유학을 위한 철학적 변론》(태학사, 2005)

이 책은 맹자 사상을 치열한 비판정신으로 치밀하게 분석한 연구서다. 저자는 여성 학자만이 가진 특유의 섬세한 시선으로 맹자의 유학 사상의 가능성과 한계를 냉정하게 분석하고 진단한다. 특히 동양 가부장제의 이론적 기초라고 할 수 있는 맹자의 사상을 여성의 입장에서 비판적으로 보고 있기 때문에, 독자들이 유학 사상의 한계를 이해하는 데 있어 훌륭한 참고자료가 될 것이다. 또한 박진감 넘치고 거침없는 저자의 문체 역시 이 책이 가진 많은 미덕 가운데 하나다.

홍인표 엮고 옮김,《맹자》(서울대학교출판부, 1992)

《논어》의 경우와 마찬가지로《맹자》도 번역본이 많이 나와 있다.《맹자》번역서는 아직도 성리학의 대가 주희의 해석에서 많은 영향을 받고 있는데, 이 책은 가급적 맹자 본인의 사상을 충실히 전달하기 위해 노력했다는 점에서 특별한 위상을 지닌다. 또한 쉽게 풀이되어 누구나 읽고 이해할 수 있다.

노자—
빼앗기 위해서는 먼저 주어야 한다

제6장

1. 제3의 정치철학 《노자》

 노자는 고대 중국에서 도가(道家) 사상을 창시한 사람으로 알려져 있다. 그러나 아쉽게도 노자라는 인물의 생몰연대와 현존하는 문헌 《노자》의 편집시기에 관해서는 아직 정론이 없다. 그러나 《노자》의 내용을 직접 살펴보면 그 논의가 대부분 전국시대의 상황을 반영하고 있다는 것을 어렵지 않게 확인할 수 있다. 이 점에서 우리가 간과해서는 안 되는 것은 《노자》가 주로 유가와 법가 등 다른 제자백가의 사상을 비판하면서 자신의 논의를 전개하고 있다는 점이다. 그러므로 《노자》는 유가와 법가를 대표로 하는 제자백가의 학문 활동이 왕성했던 전국시대에 정리되어 나온 것으로 보아야 할 것이다.

 흔히 노자는 무위자연(無爲自然)이란 개념을 통해서 형이상학

노자라는 인물에 대해서는 그가 공자보다 조금 앞선 시대의 노담(老聃)이라는 설명도 있고, 공자와 같은 시대의 노래자(老萊子)라는 설명도 있으며, 혹은 전국시대의 태사(太史) 벼슬을 지냈다고 하는 노담(老儋)이라는 설명도 있다. 현재 학계에서는 일반적으로 공자보다 앞선 노담을 노자라고 보는 의견이 지배적이지만, 아직도 상당한 논란의 여지가 있다.

노자에게 예를 묻는 공자

적 논의를 전개한 심오한 사람으로 이해되고 있다. 그에게 있어 무위란 '어떤 외적인 목적을 가지고 행동하지 않는다'는 의미를 가지고 있다. 이 점에서 무위는 합목적적인 행동이라고 번역될 수 있는 유위(有爲)와는 대립된다. 따라서 무위라는 행동은 외적인 목적을 가지고 있지 않기 때문에 '스스로 그러한', 즉 자연스러운 행동으로 이해된다. 주의해야 할 것은 노자의 무위자연이라는 슬로건은 그 자체로 추구된 것이 아니라는 점이다. 이 슬로건의 진정한 취지는 군주의 통치술을 새롭게 제안하려는 데 있었다. 그는 유학 이념을 실현하려는 유가나 부국강병을 실현하려는 법가가 제안하는 통치술이 외적인 목적을 가진 정치, 즉 유위정치이기 때문에 실패할 수밖에 없다고 진단한다. 그리고 그 대안으로 노자는 군주가 일체의 외적인 목적을 가지지 않고 국가가 작동하는 냉정한 원리에 따르는 정치, 무위정치를 제안했다.

《노자》의 판본 중 보통 우리가 많이 보고 있는 것은 왕필(王弼, 226~249)이라는 천재가 18세에 주석을 붙인 '왕필본(王弼本)'에 근거하고 있다. 이 외에도 1973년 장사 마왕퇴에서 발굴된 '백서본(帛書本)', 1993년 호북성 형문시 곽점촌에서 발굴된 '곽점본'이 있다. 이 책은 백서본을 저본으로 하고 있다.

2. 군주와 국가가 위기에 빠지는 이유

주목할 것은 노자 역시 전국시대에 살았던 사람이라는 점이다. 천하의 통일은 말할 것도 없고, 어떤 제후가 국가를 언제까지 통치할 수 있을지 장담할 수 없었던 것이 전국시대다. 노자는 혜성처럼 등장해서 국가를 장기적으로 통치하는 방법과 아울러 천하를 통일하는 방법을 제안했다. 노자의 문제의식은 기본적으로 당시 통치자의 고민거리와 연관되어 있다. 통치자가 가장 우려했던 것 혹은 가장 무서워했던 것은 무엇이었을까? 그것은 바로 피통치자가 목숨을 걸고 행하는 국가권력에 대한 저항이다. 다음 구절에서 이 사실을 확인할 수 있다.

> 만일 백성이 죽음을 두려워하지 않는다면 어떻게 죽음으로써 그들을 두렵게 할 수 있겠는가? 만일 백성이 죽음을 두려워한다면 백성 중 누군가가 옳지 않은 행동을 했을 때 내가 그를 잡아 죽일 수 있을 것이다. 그렇다면 누가 감히 옳지 않은 행동을 하겠는가?
>
> 《노자》 제39장

물소를 탄 노자

민중이 국가에 수동적으로 저항하는 것이 아니라 공권력에 맞서 적극적으로 싸울 때가 있다. 이런 결연한 혁명의 상태 속에서 피통치자, 즉 민중은 '죽음도 두려워하지 않게' 된다. 죽음을 두려워하지 않는 민중의 저항은 국가권력을 와해시킬 수 있다. 반대로 만약 민중이 국가권력을 두려워한다면, 그들은 혁명적 연대를 구성할 수 없을 뿐 아니라 산산이 흩어진 익명적 개인으로 남아 국가권력의 지배를 받게 될 것이다. 그렇다면 노자에게 남겨진 문제는 왜 민중이 국가권력에 목숨을 걸고 저항하게 되는지를 밝혀내는 것이다. 노자는 저항의 원인을 민중에게서 찾기보다는 오히려 국가권력 자체가 그릇되게 기능하고 있다는 데서 찾는다.

《노자》 또는 《도덕경》은 노자가 난세를 피하여 함곡관에 이르렀을 때 관문지기 윤희(尹喜)가 도를 묻는 데 대한 대답으로 적어 준 책이라 전해지고 있지만, 실제로는 전국시대 도가의 사상을 모아 한나라 초기에 편찬한 것으로 추측된다.

> 사람들이 굶주리는 이유는 통치자가 세금을 많이 거두기 때문이다. 그래서 백성이 굶주리는 것이다. 백성이 다스려지지 않는 이유는 통치자가 무엇인가를 하려고 하기 때문이다. 그래서 백성이 다스려지지 않는 것이다. 백성이 죽음을 가볍게 여기는 것은 통치자가 지나치게 (자신의) 삶을 풍족하게 하려고 하기 때문이다. 그래서 백성이 죽음을 가볍게 여기는 것이다.
>
> 《노자》 제40장

국가가 세금을 많이 거두었기 때문에 민중은 굶주리게 된다. 이런 굶주림의 상태가 오래 지속되면 민중은 자신의 삶을 위해 국가권력에 저항하는 혁명에 참여하게 된다는 것이다. 쉬운 논리인 것 같지만 여기서 노자는 결코 간과할 수 없는 중요한 통찰을 한다. 이것은 국가state라는 체계의 작동 원리에 대한 것이다. 국가란 기본적으로 통치자(군주)와 피통치자(민중)로 양분되는 위계적

체계다. 그리고 국가가 원활하게 기능하기 위해서는 통치자와 피통치자 사이에 일종의 교환exchange 관계가 성립되어야 한다. 중요한 것은 국가라는 체계를 지탱하는 교환 관계의 특성이다. 교환이란 기본적으로 A에서 B로 무엇인가가 전달되면 B에서 A로도 무엇인가가 전달되고 있음을 의미한다. 따라서 국가가 원활히 기능하기 위해서는, 통치자가 피통치자로부터 무엇인가를 받았다면 그 대신 그들에게 무엇인가를 주어야 한다. 만약 군주가 피통치자에게 아무런 대가도 주지 않는다면, 다시 말해 국가의 교환 관계가 와해된다면, 민중은 국가권력에 목숨을 걸고 저항하게 된다는 것이다.

3. 국가를 통치하는 비법

국가의 기능에 대한 사유를 담은 다음 글을 통해 노자의 뛰어난 통찰을 살펴보자.

하늘의 도는 마치 활을 당기는 것과 같다. 높이 있는 것은 누르고 낮게 있는 것은 올려주며, 여유가 있는 것은 덜고 부족한 것은 더해준다. 그러므로 하늘의 도는 여유가 있는 것을 덜어서 부족한 것에 더해준다. 사람의 도는 그렇지 않아서 부족한 것을 덜어서 여유가 있는 것에 더해준다. 누가 여유는 있지만 하늘의 도를 본받을 수 있을 것인가? 오직 도를 가진 사람이 그렇게 할 수 있다. 그러므로 성인은 무엇을 하더라도 그것을 소유하지 않고 공을 이루더라도 거기에 머물지 않는다[爲而弗有 成功而弗居]. 이처럼 성인은 자신의 뛰어남을 보이려고 하지 않는 법이다.

《노자》 제42장

노자에 따르면 자연의 법칙은 높은 것을 누르고 낮은 것을 올리고 남는 것은 덜고 부족한 것은 채우는 것이다. 마치 쌓아둔 모래성이 바람에 날려서 낮아지고 움푹 파인 구덩이가 모래로 채워지는 것처럼 말이다. 그런데 노자는 이런 자연의 법칙에 비추어 인간 사회의 문제점을 지적한다. 인간 사회에서는 오히려 가난한 사람의 것을 빼앗아서 부유한 사람에게 더해주는 것이 법칙처럼 행해지고 있다. 부익부빈익빈의 추세가 인간 사회를 지배한다. 이로 인한 양극화 현상은 마침내는 가난한 자들의 저항을 유발하기 마련이다.

따라서 노자는 이상적인 통치자, 즉 성인의 필요성을 역설한다. 성인은 "여유가 있지만 하늘의 도를 본받아[有餘而有以取奉於天]" 자신의 것을 나누어 줄 수 있는 사람이다. 다시 말해 성인은 재분배redistribution가 국가의 핵심 기능임을 정확하게 파악하고 있다. 재분배를 통해서 국가는 부익부빈익빈의 양극화를 피하게 되며, 결국 민중의 저항과 혁명을 애초에 방지한다. 노자는 재분배의 논리가 지켜지는 국가의 군주에 대해 "무엇을 하더라도 그것을 소유하지 않고, 공을 이루더라도 그것에 머물지 않는다"고 기술한다. 군주는 국가를, 그리고 천하를 모두 갖고자 하는 사람이다. 그런데 진정으로 많이 갖기 위해서는 주어야 한다는 노자의 주장은 일견 모순으로 보인다. 현상적으로 재분배는 분명 군주에 의해 '수행되지만〔爲〕', 그 재분배의 결과 군주로 대표되는 통치계급보다는 민중, 즉 피통치계급이 그 이익을 갖게 된다. 그래서 노자는 재분배의 상태를 '군주는 가지지 않는다〔弗有〕'고 묘사한다.

진정한 통치자 즉 "남는 것이 있는데도 자연의 법칙을 본받아 그것을 부족한 사람에게 줄 수 있는 사람"에게서 찾을 수 있는 신비는 바로 애초에 재분배를 하기 이전에 '남는 사람'이 있다는 원초적 불평등의 상태에 있다. 문제는 이 원초적 불평등이 이어지는 재분배와 수탈의 교환에 의해 아주 쉽게 은폐된다는 사실이다. 물론 노자도 이 점에서 예외가 아니다. 잘 알다시피 노자가 살았던 시대는 공동체의 생산력이 급격히 증대될 수 없었던 전(前)자본주의 시대다. 따라서 이 시대에서 부의 중요한 원천은 자연과의 투쟁을 통한 토지 경작과 전쟁 수행을 통한 전리품 획득이다. 그리고 토지를 경작하거나 전쟁에 참가하는 것은 모두 피지배계급인 농민이다. 따라서 진정한 통치자, 영속적으로 통치자의 자리를 유지할 수 있는 군주는 농민으로 구성된 피통치자에게서 유래하는 부를 영속적으로 가질 수 있느냐 없느냐에 의해 결정된다. 그렇다면 어떻게 해야 하는가? 군주는 무엇보다도 먼저 농민의 생산력을 촉진해야 하며, 나아가 다른 국가의 침탈로부터 이들을 보호해야 한다.

바로 이런 문맥에서 노자는 재분배를 강조했다. 군주의 부의 달성은 기본적으로 피통치자로부터의 수탈에 의존하지만, 수탈만으로는 부가 유지되지 않는다. 심한 수탈은 피통치자의 제약된 생산력마저 감소시키고 나아가 피통치자의 혁명과 봉기를 유발하기 때문이다. 더군다나 피통치자의 생산력이 제약된다면, 그들로 구성된 군대는 당연히 다른 국가의 침탈로부터 자신을 지켜낼 의지나 힘이 떨어질 수밖에 없고 그런 국가는 다른 국가에게 병합될 수밖에 없다. 즉 노자가 권고하는 재분배의 논리는 민중에 대한 애정에서 출발한 것이 아니다. 오히려 그의 논리는 기본적으로 이미 '남음이 있는' 사람을 위해서, 그 사람이 어떻게 '남음이 있는 사람'으로 영속할 수 있는가를 사유했던 것에 지나지 않는다.

오므라들게 하려면 반드시 먼저 펴주어야만 한다. 약하게 하려면 반드시 먼저 강하게 해주어야만 한다. 제거하려고 한다면 반드시 먼저 높여야만 한다. 빼앗으려고 한다면 반드시 먼저 주어야만 한다. 이것을 '미묘한 밝음[微明]'이라고 한다. 유연하고 약한 것이 강한 것을 이기는 법이다. 물고기는 연못을 벗어나게 해서는 안 되고, 국가의 이로운 도구는 사람들에게 보여서는 안 된다.

《노자》제79장

이제 우리는 '미묘한 밝음'이 무엇을 의미하는지 어렵지 않게 이해할 수 있다. 그것은 재분배가 더욱 강화된 수탈을 위해서 이루어진다는 것을 보여준다. 그것은 수탈과 재분배의 대상인 피통치자에게는 파악되지 않아야 한다는 점에서, '미묘하고 은미한[微]' 것이다. 반면 수탈과 재분배의 주체인 통치자에게는 명확하게 파악되어야 한다는 점에서 '밝은[明]' 것이다. 만약 통치자가 수탈을 위해서 제공하는 재분배가 피통치자에게 은혜로 여겨지지 않는다면, 다시 말해 '국가가 나를 위해 은혜를 베푸는구나. 나도 언젠가 국가를 위해 최선을 다해야지'라는 다짐을 피통치자의 내면에 심어주지 않는다면, 재분배는 실패한 것일 수밖에 없다. 이것은 반대로 다음과 같은 사실을 의미하고 있다. 만약 피통치자가 '또 내게서 수탈하기 위해 은혜를 베푸는 척하는구나'라고 생각한다

면, 통치자는 원활하게 재분배할 수 없다. 그래서 노자는 "국가의 이로운 도구는 사람들에게 보여서는 안 된다〔邦利器不可以示人〕"고 말했던 것이다.

4. 자발적 복종의 정치학

노자가 통치자를 꿈꾸는 사람이나 통치자의 자리를 영구히 유지하려는 군주에게 권고하는 방법이 바로 재분배다. 재분배는 불가피한 선택이지만 투자한 만큼 회수되지 않을 가능성이 항상 열려 있는 일종의 모험이기도 하다. 노자의 논의에 따르면 군주는 이런 모험에 뛰어들지 않고서는 군주의 자리를 유지할 수 없으며, 이런 모험에 뛰어들어 실패해도 군주의 자리를 유지할 수 없기 때문이다. 이 모험이 성공해야만 통치자의 자리를 영속적으로 유지할 수 있다는 데 노자가 제안하는 해법의 아이러니가 있다.

노자가 자신의 책 총 81장에서 제공하는 모든 정당화의 근거는 이런 아이러니를 일반화하고 철학적으로 뒷받침하기 위한 것이다. 그래서 81장은 대부분 항상 자연에서 주어지는 사례, 전쟁에서 발생하는 사례, 또는 철학적인 체계들을 먼저 서술하고 그 다음에 '그러므로 성인은〔是以聖人〕'이라는 구절을 반복해서 사용하고 있다. 물론 여기서 성인은 노자가 이상적인 통치자라고 상정하는 사람이다.

강과 바다가 모든 골짜기의 왕이 될 수 있는 이유는 아래에 있기를 잘 하기 때문이다. 그래서 모든 골짜기의 왕이 될 수 있는 것이다. 그러므로 성인은 백성들 위에 있으려고 한다면 반드시 그 말을 낮추고, 백성들 앞에 서고자 한다면 반드시 그 자신을 뒤에 둔다. 그러므로 성인이 앞에 있어도 백성들은 해롭다고 생각하지 않고, 위에 있어도 무겁다고 생각하지 않는다. 천하 사람들이 즐겁게 추대해서 싫증을 내지 않는 것은 성인에게는 다툼이 없기 때문이 아닌가! 그러므로 천하의 누구도 그와 다툴 수 없다.

《노자》 제29장

방금 읽은 구절에서 노자는 통치자가 재분배를 반드시 실시해야만 한다는 것을 강조하기 위해서 강과 바다의 비유를 들고, 나아가 만일 재분배를 성공적으로 수행하게 되면 어떤 결과가 국가 안에서 발생하게 되는지를 역설하고 있다. 노자에 따르면 강과 바다에 모든 물방울들이 하나하나 모여드는 이유는 기본적으로 강과 바다가 낮은 곳에 있기 때문이다. 이것은 군주가 자신이 가진 것을 유지하려고 하거나 아니면 더 많이 가지려고 하지 않고, 오히려 피통치자들에게 재분배해야만 한다는 것을 설득시키기 위한 비유다. 다시 말해 군주가 자신이 가진 것을 비운다면 오히려 군주는 자신이 가진 것보다 훨씬 더 많은 것을 획득할 수 있다는 것이다.

앞에서 살펴본 것처럼 노자는 이런 국가의 전략을 "빼앗으려고 한다면 반드시 먼저 주어야 한다"라고 명확하게 규정하고 있다.

그리고 만약 국가의 이런 은미한 논리를 피통치자가 알지 못하게 한다면, 피통치자는 마치 물이 낮은 곳으로 흘러가는 것처럼 필연적으로 군주를 중심으로 유기적 유대감을 가지고 국가에 통합된다는 것이다.

> 가장 좋은 것은 백성들이 통치자가 있다는 것만을 아는 것이고, 그 다음은 통치자를 가깝게 여기고 칭찬하는 것이고, 그 다음은 통치자를 두려워하는 것이고, 가장 나쁜 것은 통치자를 모욕하는 것이다. 믿음이 부족한 경우에 불신이 생길 것이다. 그러므로 성인은 자신의 말을 주저하는 듯한다. 성인이 공을 이루고 일을 완수했지만 백성들은 모두 '스스로가 그렇게〔自然〕'했다고 말한다.
>
> 《노자》 제61장

이처럼 노자가 권고하는 무위정치는 수탈과 재분배라는 교환 관계가 활성화되어 백성들이 자발적으로 수탈을 감내하는 상황을 그리고 있다. 이것은 마치 누군가가 준 뇌물을 선물로 착각해서 그 대가로 반드시 무엇인가를 보답해야 한다고 생각하는 것과 마찬가지다. 결국 노자의 무위 정치는 피통치자의 '자발적인 복종'을 유도할 수 있으므로, 통치자의 입장에서 보면 가장 이상적인 통치다. 이처럼 국가가 재분배를 성공적으로 수행하게 되면, 피통치자는 국가를 위해 희생한 대가가 자신들에게 돌아온다고 믿게 되므로, 자발적으로 군대에 나가 목숨을 바치고 세금도 꼬박꼬박 납부

한다. 한마디로 필연적이고 안정적인, 따라서 믿을 수 있는 교환 관계가 국가에 확립되는 것이다.

앞에서 살펴본 《노자》 제61장에는 또 한 가지 흥미로운 구절이 등장한다. 그것은 노자가 통치자를 네 가지 유형으로 분류하는 대목이다. 이러한 분류의 기준으로 노자는 피통치자가 통치자를 어떻게 생각하는지를 염두에 두었다. 첫째는 앞에서 살펴본 것처럼 수탈과 재분배의 교환 논리가 철저히 작동해서 마치 작동하지 않는 것처럼 보이는 단계, 즉 수탈과 재분배의 교환 논리에 따라 수행되는 무위정치의 단계다. 이 경우 피통치자는 마치 국가에 복종하는 것을 자신의 본성으로 여기며 자발적으로 복종한다. 따라서

이 경우에는 군주가 있기는 하지만 작용하지 않는 것처럼 보인다. 수탈과 재분배의 논리가 은폐되어 국가가 마치 유기적인 전체처럼 작동하는 경우다. 두 번째 단계는 수탈과 재분배의 논리 중 재분배만이 부각되는 단계, 즉 통치자를 아버지처럼 기리고 따르는〔親譽〕단계다. 이 경우는 피통치자가 군주가 베푼 은혜를 알고 의식적으로 그것을 갚으려고 노력하는 단계다. 이는 완전한 자발적 복종의 단계는 아니다. 부모의 은혜를 알고서 효도하는 것처럼, 군주가 나에게 은혜를 베풀었기에 피통치자는 그에게 그 대가로 무엇인가를 제공하는 것이다.

세 번째 단계는 수탈만이 부각되는 단계, 즉 통치자가 심하게 수탈을 강제해서 두려움〔畏〕을 유발하는 단계다. 이 경우 피통치자는 비록 수탈로 인해 재분배가 가능해진다고 자위하더라도 수탈을 두렵고 무섭게 생각한다. 따라서 이 경우는 수탈과 재분배의 국가 논리가 완전히 통치자와 피통치자에게 드러나 있는 경우로, 국가가 압도적인 공권력으로 이 논리를 관철시키고 있기 때문에 피통치자들은 두려움을 느끼지만 어쩔 수 없이 수탈을 감당하게 된다. 마지막으로 네 번째 단계는 수탈과 재분배의 논리가 완전히 피통치자에게 드러났지만 이것을 시행할 만한 공권력이 없는 단계다. 통치자가 확실하고 유효한 공권력 없이 수탈을 자행하면 피통치자는 국가와 통치자를 두려워하기는커녕 모욕〔侮〕하게 된다. 바로 이 네 번째 단계는 국가가 원초적으로 무엇으로 지탱되는지를 잘 보여준다. 국가와 통치자가 모욕을 당하는 경우는 물론 압도적인 힘과 폭력의 우위를 전혀 확보하고 있지 못할 때다. 물론 이 경우 통치자는 얼마 되지 않아 바뀌게 될 것이며 심지어는 죽임을 당할 수도 있다.

5. 사랑과 폭력이 공존하는 노자의 정치철학

노자 철학에 등장하는 주요 개념 중 하나는 '천하(天下)'다. 천하는 글자 그대로 '하늘 아래'를 의미하는데, 혼란스럽고 무질서한 전국시대의 여러 나라도 한 하늘 아래 있다는 전제하에 통일을 이루어야 한다는 의지를 반영한다. 전국시대의 많은 사상가가 앞다투어 천하통일의 방법을 제시했다. 예컨대 유가는 사랑과 온정

신성화된 노자

의 방법을 제안했고, 법가는 당근과 채찍의 방법을 제안했다. 유가는 국가를 가족의 외연으로 생각함으로써 국가가 지닌 고유한 논리를 사유하지 못했기 때문에 실패했다. 유가는 국가의 기능 중 재분배라는 은혜의 측면만 강조하고 있기 때문이다. 반면 법가는 국가의 작동 원리를 정확하게 파악했기 때문에 천하를 통일할 수 있는 유력한 사상가 집단으로 성장하게 되었다.

노자는 이때 법가의 실패를 예견했다. 그는 강력한 파시즘으로 무장한 국가의 무력으로 전국(戰國)을 통일할 수는 있지만, 그것만으로 통일된 제국을 유지할 수는 없을 것이라고 진단했다. 노자의 해법은 유가와 법가를 비판적으로 종합함으로써 '사랑의 원리'와 '폭력의 원리'를 적절히 구사하는 데 있다. 노자는 피통치자가 제국 안에 들어오면 사랑의 원리로, 제국 바깥에 남으려고 한다면 폭력의 원리에 입각해서 통치해야 한다는 것을 역설했다. 노자의 제국 논리는 한제국을 거쳐 현재 중국에 이르기까지 중국적 제국

청양궁. 중국 사천성에 있는 이 궁은 도교를 기리기 위한 도교 사당으로, 당(唐)나라 때 창건되었다.

의 논리로 면면히 이어져 내려오고 있다. 흥미로운 것은 일본도 제
국주의 시절에 노자의 논리를 적극 채용하여, 대동아공영권의 논
리를 제안했다는 점이다.

노자가 들려주는 이야기

　　사람들을 다스리고 하늘을 섬기는 데 아끼는 것보다 좋은 것은 없다. 오직 아껴야 미리 (통치의 원리를) 따를 수 있다. 미리 따르는 것을 거듭 덕을 쌓는 것이라고 말한다. 거듭 덕을 쌓으면 이기지 못할 것이 없고, 이기지 못할 것이 없다면 그 끝을 알 수 없다. 그 끝을 알 수 없어야 국가를 가질 수 있다. 국가의 어머니를 가져야 오래갈 수 있다. 이것을 '뿌리를 깊고 굳게 하며 오래 살아 오래 볼 수 있는' 방법이라고 한다.

《노자》 제22장

　　治人事天莫若嗇. 夫唯嗇, 是以早服. 早服是謂重積德. 重積德則无不克, 无不克則莫知其極. 莫知其極, 可以有國. 有國之母, 可以長久. 是謂深根固柢 · 長生久視之道也.

 한자 풀이

嗇(색) : 아끼다

早(조) : 미리, 일찍

深根(심근) : 뿌리를 깊게 하다

固柢(고저) : 뿌리를 견고히 하다

長生久視(장생구시) : 오래 살아서 오래 보다

깊이 읽기

'아낀다[嗇]'는 말은 통치자가 세금에서 유래한 자신의 부를 혼자만 갖겠다는 결의
가 아니다. 오히려 그 반대로 통치자가 자신을 위한 세금의 전용을 아낀다는 것, 즉
삼간다는 것을 의미한다. 바꾸어 말하면 이 말은 결국 통치자가 백성들에게 세금의
대가로 무엇인가를 준다는 말이다. 여기서 거듭 덕을 쌓는다[重積德]라는 개념은
이런 교환 관계가 일회적으로 끝나는 것이 아니라 부단히 반복적으로 수행되어야
함을 의미한다. 그 결과 통치자는 피통치자의 신망을 얻게 될 것이고, 피통치자는
통치자의 이익을 자신의 이익으로 생각하게 될 것이다.

통치자와 피통치자 사이에 내재하는 교환 관계가 활성화되면, 전체 국가체계는 강
해진다. 마치 혈관 속에서 피가 원활히 소통되어야 몸이 건강하듯이 말이다. 여기
서 중요한 것은 '국가의 어머니[國之母]'라는 표현이다. 국가의 어머니를 가졌다는
표현은 어떤 이상적인 통치자가 결국 국가의 근본적 기능인 교환 관계를 장악하고
있다는 것을 의미한다. 눈에 보이지 않는 이런 교환 관계를 장악한 군주만이 오래
지속적으로 통치자의 자리에 있을 수 있다. 오래 산다는 것을 의미하는 '장생구시
(長生久視)'라는 표현 역시 모든 인간에게 보편적으로 통용되는 것은 아니다. 그것
은 오직 통치자의 자리에 있는 군주에게만 통용되는 것이다.

더 읽어볼 만한 책

강신주, 《노자 : 국가의 발견과 제국의 형이상학》(태학사, 2004)

이 책은 노자의 주장이 무엇인지를 우선 식별하고, 그 정당화의 논리를 분석한다. 노자는 통치자의 변덕에 노출되어 있는 통치술이 아닌 일관된 '국가 기능의 논리'를 발견했던 인물이다. 따라서 단순히 노자를 통치술의 달인으로만 볼 수는 없다. 노자는 자신의 논리를 기초로 국가기구의 원활한 수탈 작용을 위한 재분배의 불가피성을 주장했으며, 이 점을 '도'와 '명(名)'으로 직조된 거대한 형이상학으로 정당화했다. 저자는 《노자》의 주장과 그 정당화의 논리를 비판적으로 진단하면서 노자 철학이 지닌 가능성과 한계를 철학적으로 명료하게 밝히려고 노력했다.

이석명, 《백서 노자》(청계, 2006)

이 책은 백서본을 저본으로 해서 번역한 것이다. 이 책의 최대 미덕은 백서본, 곽점본, 왕필본을 원문 그대로 실어서 꼼꼼하게 비교 · 대조하고 있다는 점이다. 그래서 일반 독자뿐 아니라 전문 연구자도 많은 도움을 얻을 수 있다. 또한 수많은 주석가의 다양한 해석 방법 중 중요한 것을 필요에 따라 적절히 인용하고 있어, 간접적으로나마 지금까지 《노자》가 중국에서 어떻게 이해되어왔는지를 엿볼 수 있다.

제7장

장자—타자와 소통하려면
선입견에서 벗어나라

1. 선입견에서 벗어나라

장자

《사기》를 보면 장자는 위나라 혜왕(惠王)이나 제나라 선왕과 동
시대의 인물로 기록되어 있다. 그는 일찍이 십만여 자(字)나 되는
긴 글 《장자》를 남겼는데, 《한서》 〈예문지〉편에 따르면 원래 총 52
편으로 구성되어 있었던 것으로 보이지만, 현존하는 《장자》는 총
33편으로 정리된 판본이다.

《노자》가 철학시의 형식을 빌리고 있는 반면, 《장자》는 문학적
상상력이 동원된 흥미진진한 에피소드들로 구성되어 있다. 그래
서 역대 동양 사람들은 이 책에서 철학적인 영향뿐 아니라 문학
적·미학적으로도 많은 영향을 받았다.

장자(기원전 369?
~286?)의 이름은
주(周)이며, 전국시대 송나라
몽 지방 사람이다.

장자가 활동했던 당시 다양한 사상가들은 현실세계의 문제를
해결하기 위한 상이한 처방전을 들고 나와서 치열하게 경쟁했다.

《장자》

대표적인 사상가 집단이 바로 유가와 묵가다. 사상적인 입장은 달랐지만 그들은 모두 적극적인 실천의지를 통해서 당대의 사회 문제를 해결하고자 했다. 그러나 장자는 인간의 실천의지 이면에는 모종의 선입견이 전제되어 있다고 말하면서, 유가와 묵가의 철학적 시도를 무력화하려고 했다. 선입견이 제거되지 않는다면 유가와 묵가는 사회의 갈등과 대립을 해소하기는커녕 오히려 혼란을 가중시킬 수밖에 없다고 장자는 통찰했던 것이다. 일체의 선입견을 꿈에 비유하면서, 장자는 선입견에서 벗어나는 방법을 진지하게 숙고하기 시작한다.

2. 자유로운 생각은 상상의 날개를 펴는 것만은 아니다

어떤 사람이 자신을 매일 따라다니는 그림자가 너무 싫어서 그 그림자에서 벗어나려고 한다고 하자. 그의 소망은 어떻게 하면 실현될 수 있을까? 그는 자신이 엄청나게 빨리 뛰면 그림자가 자기를 쫓아오지 못하리라 생각한다. 그러나 그렇게 한다고 해서 그림자가 없어질 리 없다. 그렇다면 이 사람에게 어떻게 조언하면 좋을까? "나무 그늘에서 한 번 쉬어보라." 이 한 마디로 그는 자신의 고민에서 벗어나게 될 것이다. 나무 그늘에서 쉰다면, 이 사람은 그림자가 무엇인지, 또 그림자를 벗어난다는 것이 무엇인지를 알게 될 것이다. 그림자는 우리가 살아 있는 동안, 태양 아래에서 살아가는 동안은 항상 우리 곁을 떠나지 않는다. 이 사실은 결코 부정할 수 없고 긍정해야만 하는 것이다. 이처럼 우리는 삶 속에서 필연적으로 우리와 관계할 수밖에 없는 많은 것들을 긍정한다.

공기의 존재는 자명하지만 평소에 우리는 이것을 별로 의식하지 않는다. 그러나 물에 빠졌을 때도 공기를 의식하지 않을까? 사랑하는 사람이 그리울 때는 그 사람을 만날 수 없을 때다. 음식이 먹고 싶을 때는 몹시 배가 고플 때다. 장자는 우리가 무언가를 생각한다는 것은 이미 우리가 생각하고 있는 그것이 없거나 아니면 있더라도 나와 이전에 맺었던 관계를 맺지 못하고 있다는 것을 전제하고 있다고 말한다.

그렇다면 새로운 어떤 것이 나에게 다가올 때는 어떻게 될까? 예를 들어 새로운 친구, 새로운 애인의 경우처럼 말이다. 친숙한 것이 없어질 때 그것을 생각하게 되듯이, 낯선 것이 접근할 때도 우리는 생각하게 된다. 그러나 우리는 새로운 것을 대할 때 기존의 잣대를 적용하는 오류를 저지르곤 한다. 우리는 자신이 좋아하는 음식을, 자신이 좋아하는 주거 환경을, 자신이 좋아하는 이성 친구를, 모든 사람이 좋아하고 아낄 것이라고 생각한다. 장자의 이야기를 직접 들어보자.

사람이 습지에서 자면 허리에 병이 나고 말라죽게 되는데, 미꾸라지도 그럴까? 사람은 나무 위에서 무서워 벌벌 떠는 데 원숭이들도 그럴까? 이 세 가지 중에서 어느 것이 올바른 거처를 알고 있을까? 사람들은 소, 양, 개, 돼지를 잡아먹고, 고라니와 사슴은 부드러운 풀을 먹고, 지네는 뱀을 잘 먹고, 솔개와 까마귀는 쥐를 좋아한다. 이 네 가지 중에서 어느 것이 올바른 맛을 알고 있을까? 수컷 원숭이는 암컷 원숭이와 어울리고, 고라니는 암사슴과 어울리고, 미꾸라지는 물고기와 어울려 논다. 사람들은 모장(毛嬙)과 여희(麗姬)가 미인이라 하지만 물고기는 그 미인들을 보면 놀라 물 속 깊이 들어가고, 새도 그 미인들을 보면 놀라서 높이 날아가고, 고라니와 사슴도 그 미인들을 보면 후닥닥 달아난다. 이 네 가지

중에서 누가 천하의 올바른 아름다움을 알고
있을까?

《장자》, 〈제물론〉

양귀비

절대적으로 옳은 것은 존재하지 않는다. 우리
의 다양한 삶에 어울리는 다양한 옳은 것들이 있
을 뿐이다. 예컨대 우리 시대에 미인으로 인정받
으려면 날씬해야 한다. 그러나 이런 아름다움의
기준은 중국 당나라 시대에는 전혀 통용되지 않
았다. 당시 미인의 상징인 양귀비(楊貴妃)의 초
상화를 보자. 우리 눈에 비친 그녀는 너무 뚱뚱
해 보인다. 농업경제에 의존하던 가난한 시대에
는 풍만함이 미인의 기준이었지만, 영양 공급이 충분한 지금은 날
씬함이 미인의 기준이 되었다.

3. 꿈속에 살고 있는 우리

만약 우리가 지금 통용되는 기준으로 모든 것을 평가한다면 어
떻게 될까? 예를 들면 사랑했던 애인과 사별한 후, 또 다른 이성을
만날 때마다 그 사람에게서 죽은 애인의 모습을 찾으려는 사람이
있다고 하자. 이 사람은 지금 꿈을 꾸고 있는 것에 지나지 않는다.
그리고 결국 이 사람은 새롭게 만난 다른 이성에게 엄청난 폭력을

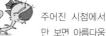

주어진 시점에서
만 보면 아름다움
이란 마치 절대적으로 불변하
는 것처럼 보인다. 그러나 인
류 역사라는 큰 틀에서 살펴
보면 아름다움이란 시간에 따
라 변모하고 있다는 것을 어
렵지 않게 알게 된다. 이것은
결국 아름다움을 느끼는 우리
의 감정 역시 사회적으로 강
한 영향을 받아 형성되었다는
것을 말해준다. 흥미롭게도 최
근의 사회학적 연구 성과는
동일한 시대에 살고 있는 사
람들도 계층에 따라 아름다움
의 기준이 다르다는 사실을
보여주고 있다.

행사하게 될 것이다.

너는 들어보지 못했느냐? 옛날에 바닷새가 노나라 서울 밖
에서 날아와 앉았다. 노나라 임금은 이 새를 친히 종묘 안으
로 데리고 와 술을 권하고, 아름다운 궁중 음악을 연주해주
고, 소와 돼지와 양을 잡아 대접했다. 그러나 새는 어리둥절
해하고 슬퍼할 뿐, 고기 한 점 먹지 않고 술도 한 잔 마시지
않은 채 사흘 만에 죽어버리고 말았다. 이것은 사람을 기르
는 방법으로 새를 기른 것이지, 새를 기르는 방법으로 새를
기르지 않은 것이다.

《장자》, 〈지락(至樂)〉

노나라 임금은 분명히 새를 사랑해서 인간에게 할 수 있는 최선의 향응을 베풀었다. 그러나 그런 향응이 자신이 사랑하던 새를 죽게 만들었다. 이처럼 우리는 사랑하는 사람에게 자신의 생각에 따라 일방적으로 사랑을 베푸는 사람을 가끔 본다. "이것은 내가 너를 사랑해서 하는 것이지 나를 위해서 하는 것은 아니다"라는 말로 자식이 원하지 않는 바를 강요하는 부모의 맹목적인 사랑이 좋은 예다. 결과적으로 이런 자식 사랑은 의도와는 상관없이 자식에게 폭력을 행사하게 된다. 일방적인 방식으로 이루어지는 타자에 대한 사랑은 역설적이게도 그 타자에 대한 폭력일 수밖에 없다.

노나라 임금의 슬픈 이야기는 우리를 '타자란 무엇인가'라는 문제로 이끌어준다. 누군가를 사랑하기에 앞서, 우리는 그 누군가가 누구인지를 알아야만 한다. 철학적으로 말한다면, 타자란 우선 나와는 다른 삶의 규칙을 가진 존재를 의미한다. 그리고 이런 이유 때문에 우리는 타자를 사랑하게 될 수도 혹은 미워하게 될 수도 있다. 그러나 만약 어떤 사람의 삶의 규칙이 나와 완전히 동일하다면, 우리는 그를 사랑하거나 미워할 수도 없을 것이다. 사랑이나 미움은 바로 '차이'에 대한 느낌에서 나오기 때문이다.

노나라 임금은 자신만의 고유한 삶의 규칙에 따라 삶을 영위하고 있었다. 맛있는 술 권하기, 궁정 음악 연주해주기, 맛있는 고기 먹이기 등 그가 행했던 애정 표현은, 그가 속한 공동체에서는 아무런 문제도 일으키지 않는다. 만약 바닷새가 인간 사회의 규칙에 적응했다면, 따라서 인간에게 타자가 아니었다면, 이 새는 노나라 임금의 애정에 무척 행복했을지도 모른다. 그러나 노나라 임금과 마

주친 바닷새는 자신만의 삶의 규칙에 따라 살고 있던, 자신만의 결을 가지고 있던 존재였다. 아마 바닷새의 규칙은 바닷가에서 벌레 잡아먹기, 다른 새의 영역을 침범하지 않기 등일 것이다.

그렇다면 노나라 임금은 바닷새를 보고서 그 새만의 삶의 규칙을 알아낼 수 있을까? 아마 불가능했을 것이다. 타자가 가진 고유성, 즉 타자성은 감각적으로 확인할 수 있는 것이 아니기 때문이다. 이처럼 타자의 외모만을 보고서는 그가 어떤 삶의 규칙을 가지고 있는지 확인할 수 없다. 단지 그와 만나서 부딪히는 지속적인 과정을 통해서 "그 사람은 나와 다르구나"라고 느낄 수 있을 뿐이다.

물론 그렇다고 해서 우리가 명확히 타자의 삶의 규칙, 타자성을 다 알 수 있게 된다는 말은 아니다. 우리는 "아! 이 점에서 그 사람은 나와 같지 않구나"라고 부정적인 방식으로 상대에 대해 말할 수 있을 뿐이다. 만약 부정적인 방식이 아니라 긍정적인 방식으로 타자의 타자성을 규정할 수 있다면, 이미 나와 만난 그 사람은 나에게 진정한 타자가 아닐 것이다. 타자에 대한 긍정적인 규정은 내가 타자와 삶의 규칙을 공유하게 되었을 때에만 가능한 것이기 때문이다.

호접지몽(胡蝶之夢) ⓒ 이영복

4. 꿈에서 깨어나는 방법

새로운 타자를 자신이 생각한 틀로 만난다면,

타자와의 만남은 진정한 만남일 수 없고, 타자와의 사랑도 진정한 사랑일 수 없다. 이런 만남은 꿈과 같다. 여기서 꿈은 일종의 <u>유아론</u>solipsism을 상징한다. 여기서 말하는 유아론은 단순히 '나만이 존재한다'는 식의 협소한 의미가 아니다. 그것은 "자신이 따르고 있는 행동 규칙이 다른 사람들도 따라야만 하는 유일한 것"이라는 식의 확장된 의미를 지니고 있다. 협소한 의미로의 '유아론'보다 확장된 의미의 '유아론'이 우리에게 더 중요한 이유는, 후자의 유아론이 자신이 믿는 행위 규범을 공유하지 않는 타인들에 대한 폭력과 억압을 함축하고 있기 때문이다.

장자는 꿈을 비유로 사용해서 유아론적 사유를 공격했던 사상가다. 나아가 그는 이 꿈에서 벗어났을 때, 우리는 자유로울 수 있다고 이야기했다. 그는 유아론으로부터 벗어난 상태를 깨어남, 즉 각(覺)으로 비유한다. 이 점에서 그가 권고하는 자유는 유아론에서 벗어나서 타자를 타자의 <u>결</u>pattern대로 사유할 수 있는 자유다. 꿈속의 자유가 아니라 꿈에서 깨어나 현실에서 새로운 타자와 만나는 자유 말이다.

장자는 꿈에서 깨어나서 타자와 만나는 것이 결코 쉽다고는 생각하지 않는다. 앞에서 살펴보았던 것처럼 노나라 임금은 자신이 사랑하는 새에게 음악을 연주하고 진수성찬을 제공할 때조차 자신의 행동이 꿈에 지나지 않는다는 것을 알지 못했다. 그 새가 참담하게 죽자 자신이 지금까지 꿈속에 있었다는 것을 알게 된다. 장자에 따르면 인간은 이렇게 참혹한 결과에 이르러야 자신이 꿈을 꾸었다는 것을 아는 불쌍한 존재이다. 다시 말해 우리는 노나라 임

유아론에 빠진 사람은 기본적으로 독백monologue이라는 사유를 하는 사람이다. 소극적 의미에서 유아론자는 소심하고 세심한 경향을 지니고 있기 때문에 별다른 문제를 일으키지 않는다. 하지만 적극적인 의미에서 유아론자는 다른 사람과의 대화dialogue를 거부하고 자기식대로 타인과 일방적으로 관계하기 때문에 폭력이 발생할 위험이 높다.

결은 보통 이(理)라는 개념으로 사용되기도 한다. 이는 글자 그대로 '옥과 같은 보석이 가지고 있는 자연적인 결'을 의미한다. 원석을 그 결에 따라 다듬지 않으면 최상품의 보석을 얻을 수 없다. 이처럼 모든 존재자는 자기 나름의 결이 있다. 이 결을 존중하지 않는다면 우리는 타자와 성공적으로 관계할 수 없다.

포정(庖丁)은 글자 그대로 옮기면 '부엌일을 하는 정(丁)이란 사람'을 나타낸다. 당시에는 귀족이 아니면 성(姓)을 가질 수 없었다. 여기서 우리가 주목해야 할 것이 하나 있다. 그것은 장자의 이야기에 등장하는 주인공은 포정처럼 성을 가지고 있지 않은 일반 민중이었다는 점이다. 여기서 우리는 다른 제자백가가 위대한 군주나 재상을 중시했던 것과 달리, 장자는 항상 힘없는 민중과 그들의 삶에 깊은 애정과 관심을 가지고 있었다는 것을 확인하게 된다

문혜왕(文惠王)은 《맹자》에 등장하는 양혜왕을 말한다. 흥미로운 점은 《맹자》에도 소 이야기가 등장한다는 점이다. 맹자는 도살장에 끌려가는 소를 보면 누구나 측은지심을 갖게 된다는 사실을 들어, 인간이라면 선한 본성이 있다고 주장한다. 반면 장자는 소 이야기를 통해서 어떻게 하면 소를 능숙하게 분해할 수 있는지를 이야기하고 있다. 이 점에서 우리는 장자가 맹자를 의식하고 있었으며, 은근히 그를 조롱하고 있다는 점을 알 수 있다.

금과 마찬가지로 꿈속에서는 결코 자신이 꿈을 꾸고 있는지 어떤지 알 수 없다. 장자는 '이것은 꿈일지도 몰라' 하고 의심하면서 조심스럽게 살아야 한다고 권고한다.

장자는 꿈에서 깨어나서 삶 속에서 타자를 만나는 방법, 새를 죽이지 않고 새와 더불어 오래 사는 방법을 '포정(庖丁)이라는 백정의 이야기'를 통해 전하고자 한다.

한 백정이 문혜왕(文惠王)을 위해 소를 잡은 일이 있었다. 그의 손이 닿는 곳이나, 어깨를 기대는 곳이나, 발로 밟는 곳이나, 무릎으로 누르는 곳은 푸드득 살과 뼈가 떨어졌다. 칼이 지나갈 때마다 설겅설겅 소리가 나는데 모두가 음률에 들어맞았다. 그의 동작은 상림(桑林)이라는 춤과 같았으며, 그 절도는 경수(經首)라는 음악의 가락에 들어맞았다.

문혜왕이 말했다.

"아아, 훌륭하다. 어찌 재주가 이런 지경에까지 이를 수 있는가?"

백정이 칼을 놓고 대답했다.

"제가 좋아하는 것은 도로써 재주보다 앞서는 것입니다. 처음 제가 소를 잡았을 때는 보이는 것 모두가 소였습니다. 그러나 3년 뒤에는 완전한 소가 보이는 일이 없어졌습니다. 지금 저는 정신으로 소를 대하지 눈으로 보지 않습니다. 감각의 작용은 멈춰버리고 정신을 따라 움직이는 것입니다. 자연스러운 결에 따라서 큰 틈을 쪼개고 큰 구멍을 따라 칼을

찌릅니다. 소의 본래의 구조에 따라 칼을 쓰므로 힘줄이나 질긴 근육에 부닥치는 일이 없습니다. 하물며 큰 뼈에 부딪치겠습니까. 훌륭한 백정은 살을 자르기 때문에 1년마다 칼을 바꿉니다. 보통 백정은 뼈를 자르기 때문에 달마다 칼을 바꿉니다. 지금 저의 칼은 19년이 되었으며, 그 사이 잡은 소는 수천 마리나 됩니다. 그러나 칼날은 숫돌에 새로 갈아 내온 것과 같습니다. 소의 뼈마디에는 틈이 있는데 칼날에는 두께가 없습니다. 두께가 없는 것을 틈이 있는 곳에 넣기 때문에 휑하니 칼날을 움직이는 데 언제나 반드시 여유가 있게 됩니다. 그래서 19년이 지나도 칼날을 새로 숫돌에 갈아 놓은 것과 같습니다. 비록 그렇다 하더라도 뼈와 살이 엉긴 곳[族]을 만날 때마다 저도 어려움을 느끼게 됩니다. 조심조심 경계를 하면서, 눈은 그곳을 주목하고, 동작을 늦추며 칼을 매우 미세하게 움직입니다. 그러면 뼈와 살이 푸드득 떨어져, 흙이 땅 위에 쌓인 듯 쌓입니다. 그러면 칼을 들고 서서 사방을 둘러보면서 만족스러운 기분에 잠깁니다. 그러고는 칼을 닦아 잘 간수해둡니다."

문혜왕이 말했다.

"훌륭하구나! 나는 백정의 말을 듣고서 삶을 기르는 방법을 터득했다."

《장자》, 〈양생주(養生主)〉

어찌 보면 '소를 칼로 해체한다'는 것이 새로운 타자와 만나는

비유로 적절하지 않은 것처럼 보인다. 그러나 이 이야기의 논점은 소를 죽이는 데 있는 것이 아니다. 포정이 자그마치 19년이란 시간을 들여서야 소라는 타자를 속속들이 알게 되었다는 데 있다. 게다가 포정은 19년이란 시간이 지난 후에도 여전히 자신이 경험하지 못한 어떤 근육과 뼈가 뭉친 곳을 만나게 된다고 이야기한다. 그때 만약 포정이 그것을 이전에 자기가 분해했던 곳과 마찬가지로 여기면서——꿈꾸면서——자르려 했다면 칼날은 망가지고 말 것이며, 그 소도 죽는 와중이지만 몹시 고통스러울 것이다. 여기서 장자는 타자와 만날 때는 항상 자신의 생각에 치우치지 않도록 조심하고 경계해야 한다고 말한다.

그런데 포정의 행동이 꿈인지 깨어 있는 것인지를 결정하는 것은 놀랍게도 포정 자신이 아니라 소다. 마찬가지로 노나라 임금이 한 행동이 꿈인지 아닌지를 결정하는 것은 바로 새다. 새는 죽음으로써 노나라 임금이 꿈꾸고 있었다는 것을 보여주었고, 소는 흙이 땅에 떨어지듯이 무너지면서 포정이 꿈꾸고 있지 않았다는 것을 보여주었다. 누군가에게 선물을 줄 때, 우리는 '그 사람은 무엇을 원할까? 어떤 선물을 주면 좋을까?' 하고 고민한다. 이때 우리는 소를 자르는 포정처럼 한다. '이전에 다른 사람에게 이런 선물을 주니까 행복해했지'라는 생각은 도움은 될 수 있지만 그것은 단지 나만의 꿈, 즉 착각일 수도 있다. 그렇다면 우리가 할 수 있는 것은 무엇인가? 그것은 자신의 생각을 접어두고, 그 사람의 결 곧 삶의 규칙에 주목하면서 조심스럽게 나아가는 것뿐이다. 최종적으로 만약 그 사람이 나의 선물을 받고 행복해한다면 나는 비로소 안심할 수 있을 것이다. 포정이 "칼을 들고 서서 사방을 둘러보면서 만족스러운 기분"에 빠지는 것처럼 말이다.

5. 타자와의 공존

우리는 자신이 좋다고 생각하는 것이 남에게도 좋을 것이라고 믿는 경향이 있다. 장자는 이것을 꿈에 비유한다. 바로 여기에 인간이 타자에게 가하는 폭력의 기원이 있다. 만약 타자와 공존하려고 한다면, 우리는 꿈과 같은 선입견을 버려야 한다. 장자는 선입

장자는 허심(虛心), 즉 비운 마음을 '망(忘)'이라는 글자로 표현하기도 한다. 이 글자는 '없음'이란 뜻을 가진 망(亡)이라는 글자와 '마음'을 뜻하는 심(心)이라는 글자로 구성되어 있다. 그렇다면 '망'이라는 개념은 '마음이 없음'을 뜻한다고 할 수 있다. 여기서 말하는 마음은 인간의 마음 자체가 아니라 일종의 편견이나 선입견을 가리킨다.

견의 제거를 허심(虛心)이라고 하고, 깨어남[覺]이라고도 한다. 마음에서 선입견을 비워낼[虛] 때 우리는 타자와 공존할 수 있는 가능성을 확보할 수 있다. 여기서 주의해야 할 것은 선입견을 제거하는 것이 직접 타자와의 공존을 확보하는 것은 아니라는 점이다. 선입견을 제거했다는 것은 단지 타자의 결을 읽어낼 수 있는 민감한 감성을 확보했을 뿐이라는 것이다.

장자는 우리의 일상적인 생각이 대부분 꿈과 같다고 이야기한다. 물론 그의 표적은 당시에 유행하던 두 학파, 즉 유가와 묵가였다. 그래서인지 그는 두 학파로부터 상대주의자나 회의주의자라는 비난을 받았다. 그러나 그가 후대의 많은 사상가들에게 깊은 자극과 영향을 주었다는 것은 숨길 수 없는 사실이다. 특히 순자나 후기 묵가는 일상적인 경험을 정당화하려고 장자의 사유와 씨름을 하는 과정에서 자신들의 사유체계를 만들어나갔다. 또한 장자의 사상이 중국에서 불교가 토착화하는 데 밑거름의 역할을 수행했다는 점도 잊어서는 안 된다. 꿈에서 깨어나야 한다는 장자의 전언은 집착에서 벗어나 해탈해야 한다는 불교 사상과 유사한 측면이 많기 때문이다.

장자가 들려주는 이야기

옛날 장주가 꿈속에서 나비가 되었는데 훨훨 나는 나비였다. 스스로 유쾌하게 느꼈지만 자신이 장주라는 것을 알지는 못했다. 갑자기 깨어나서 보니 자신은 확연히 장주였다. 장주가 꿈속에서 나비가 된 것인지 아니면 나비가 꿈속에서 장주가 된 것인지 알지 못하지만, 장주와 나비 사이에는 반드시 구분이 있을 것이니, 이것을 '물화' 라고 한다.

《장자》, 〈제물론〉

昔者莊周夢爲胡蝶, 栩栩然胡蝶也. 自喩適志與! 不知周也. 俄然覺, 則
蘧蘧然周也. 不知周之夢爲胡蝶, 胡蝶之夢爲周與? 周與胡蝶則必有分
矣. 此之謂物化.

 한자 풀이

昔者(석자) : 옛날

胡蝶(호접) : 나비

栩栩然(허허연) : 기뻐하는 모양, 자유롭
  게 날아가는 모양

俄然(아연) : 갑자기

蘧蘧然(거거연) : 확실한 모양

깊이 읽기

아주 실감나는 꿈을 꾸고 깨어났을 때, 장자는 도대체 자신이 누구이며 어디에 있는지 확실하지 않아 당혹했다. 이 짧은 순간의 당혹감은 자의식의 동일성이 무력화되어 자신의 정체성을 결정할 수 없게 되는 기이한 경험이다. 장자는 자신이면서도 동시에 나비라고 느낀다. 그러나 일종의 판단 중지를 경험하고 있는 장자는, 어느 시점에서는 반드시 장주여야만 하고 혹은 다른 어느 시점에는 반드시 나비여야만 한다. 그런데 이것의 결정 여부는 바로 그가 만나는 타자에게 달려 있다. 아내가 '그만 일어나라'고 말할 때 장자는 장주가 되어야만 한다. 그러나 아름다운 암컷 나비가 유혹을 할 때 그는 나비가 되어야만 한다.

 더 읽어볼 만한 책

강신주, 《장자—타자와의 소통과 주체의 변형》(태학사, 2003)

이 책은 장자의 철학적 사유의 핵심 테마, 즉 타자와 소통하기 위해서는 주체가 스스로 변형되어야 한다는 점, 반대로 주체가 다른 것으로 변형되기 위해서는 반드시 타자와 소통해야만 한다는 점을 분명히 밝히고 있다. 장자는 허심 즉 선입견을 비운 마음을 강조했지만, 그의 최종 전언은 단순히 여기에 그치지 않는다. 마음을 비운다는 것은 장자 철학의 최종 목적이 아니라, 타자와 소통하기 위한 중요한 수단에 지나지 않기 때문이다.

오강남, 《장자》(현암사, 1999)

일반 독자에게 권하고 싶은 《장자》 번역서다. 《장자》는 〈내편〉·〈외편〉·〈잡편〉으로 구성되어 있는데 이 책은 〈내편〉을 위주로 번역했다. 많은 학자들이 〈내편〉이 장자 본인의 사상을 가장 온전히 전달하고 있다고 인정하고 있으므로, 〈내편〉 번역서만 보아도 장자 사상의 매력을 충분히 느낄 수 있을 것이다. 또한 이 책의 장점은 최근의 인문학적 성과와 기존의 연구를 적절히 이용하여 장자의 철학이 지닌 현대적 의미를 매우 재미있게 소개하고 있다는 데 있다. 사실 우화나 에피소드 위주로 이루어져 있는 《장자》는 문학적 소양을 갖춘 사람이 문체적 특징을 살려 가독성 높게 번역하는 것이 가장 좋다. 이 점에서 이 책은 일반인이 보기에 제일 좋은 번역서다.

혜시와 공손룡—언어에 대한 상반된 두 가지 생각

제8장

1. 궤변 또는 진리의 발견

　명가로 분류되는 대표적인 사상가로는 혜시와 공손룡을 들 수 있다. 혜시는 당시에는 사상가라기보다는 논변가나 정치가로 알려져 있었으며, 위나라에서 재상을 역임했을 정도로 정치적 식견과 능력을 인정받았다. 그러나 노년에 들어 자신의 정치적 이상을 펴는 데 실패하고 여러 나라를 돌아다니다가 송나라에서 장자와 숙명적으로 만나, 그에게 많은 가르침을 주게 된다. 《한서》〈예문지〉편을 보면 그가 《혜자(惠子)》 1편을 지었다고 하는데 전해지지 않는다. 오늘날 확인할 수 있는 혜시 사상의 윤곽은 오직 《장자》〈천하〉편 제일 마지막 부분에 나오는 그의 '역물(歷物)'에 대한 논의뿐이다.

혜시(기원전 370?~310?)는 위나라 사람으로 혜자(惠子)라고도 한다.

공손룡(기원전 320?~250)은 조나라 사람이다.

　혜시와 함께 명가를 대표하는 공손룡은 조(趙)나라 평원군(平原

역물(厤物)은 '기록한다', '다스린다'는 의미의 '역(厤)'이라는 글자와 '사물'을 의미하는 '물(物)'이라는 글자로 구성되어 있다. 따라서 '사물들을 기록하면서 논의한다'는 의미를 지닌다. 역물의 논의에서 전개되는 열 가지 철학적 주장으로 혜시는 세상에 존재하는 사물들의 형이상학적 조건들을 사유하고 있다.

君)의 식객으로서 '무장 폐지〔偃兵〕'론을 주장했다고 한다. 현재 전해오는 공손룡의 저작으로는 《공손룡자(公孫龍子)》1권이 있다. 당나라 때까지는 《공손룡자》가 모두 14편으로 전해져 내려왔다고 하나, 북송(北宋)시대에 8편이 산실되어 겨우 6편만 전해져 내려오고 있다.

명가는 글자 그대로 언어〔名〕를 전문적으로 사유했던 학파다. 고대 중국 사상계에서 언어와 관련된 철학적 사유는 주로 지시reference의 문제와 관련하여 전개되었다. 그래서 당시의 언어철학적 논쟁은 명실론(名實論)이라고도 이야기된다. 여기서 명은 대상을 가리키는 언어를 뜻하며, 실은 언어에 의해 지시되는 대상을 의미한다.

명실론의 관점에서 혜시가 주장했던 유명한 명제는 "산과 연못은 같은 높이에 있다〔山淵平〕"였고, 반면 공손룡의 명제는 "백마는 말이 아니다〔白馬非馬〕"였다. 분명 상식적인 관점에서 산은 높은 곳에 있고 연못은 낮은 곳에 있으며, 백마는 말에 속한다. 따라서 경험과 상식을 존중하는 고대 중국인의 입장에서 혜시와 공손룡의 주장은 말도 안 되는 궤변으로 보였을 것이다. 그렇다면 그들의 주장은 과연 궤변에 불과했던 것일까? 아니면 상식과 경험이라는 일상적 관점을 넘어서는 타당한 진리였을까?

2. 언어와 대상 사이에는 어떤 관계가 있을까

　흔히 중국 철학은 신비적이고 직관적이며, 직접적인 논증보다 비유를 좋아하는 사유 전통이라고 이야기된다. 그러나 고대 중국의 철학사를 자세히 살펴다 보면, 이런 평가가 과장된 것이라는 점을 어렵지 않게 확인할 수 있다. 《장자》〈천하〉편, 《순자》〈정명(正名)〉편, 《묵자》〈경〉편과 〈경설〉편 등을 살펴보면 전국시대 중기부터의 논의는 사실 명실이라는 쟁점과 관련된 언어철학이 주도하고 있다는 것을 알 수 있다. 그러나 남겨진 자료들이 너무 많이 훼손되어서, 아쉽게도 당시에 언어철학적 논쟁이 어떻게 전개되었는지를 재구성하기란 매우 어렵다. 이는 전국시대를 통일한 진나라나 한나라가 정치나 윤리를 강조하던 법가나 유가 사상을 채택함으로써, 다른 사상을 정리하는 데 무관심했기 때문에 벌어진 일일 것이다.

　언어철학적 논쟁을 주도했던 혜시나 공손룡 같은 명가가 단순한 궤변론자로 치부되었던 것도, 그들의 논의가 실제 삶과 무관한 단순한 지적인 유희로만 보였다는 것을 의미한다. 그러나 다행히도 《장자》〈천하〉편의 후반부가 당시의 언어철학적 논쟁이 어떻게 진행되었는지를 보여주고 있다. 명실론과 관련된 명제 중 우리의 관심을 끄는 것은 다음과 같다.

　가리킴은 이르지 못하지만, 이르게 되면 끊어지지 않는다
　〔指不至 至不絕〕

불은 뜨겁지 않다〔火不熱〕

산은 입에서 나온다〔山出口〕

눈은 보지 못한다〔目不見〕

《장자》, 〈천하〉

이 중 특히 우리의 관심을 끄는 것은 "가리킴은 이르지 못하지만, 이르게 되면 끊어지지 않는다"는 명제다. 여기서 '가리킴'을 뜻하는 한자 '지(指)'는 언어를 가리킨다. 방금 살펴본 명제가 중요한 이유는 언어와 지칭의 문제를 역설의 형식으로 명료화하고 있기 때문이다. 예를 들어 '사과'라는 단어가 있다. 우리는 '사과(언어)'라는 단어를 들으면 '사과(대상)'라는 과일을 떠올린다. 나아가 만약 새콤한 사과(대상)를 생각할 경우에는 입 안에 침이 고인다. 이것이 바로 '이르게 되면 끊어지지 않는다'는 명제가 의

미하는 것이다. 그러나 사실 사과(언어)와 사과(대상) 사이에는
필연적인 관계가 없다. 사과(대상)는 사과(언어)가 아니라 애플
(언어)이라고 불릴 수도 있기 때문이다. 이것이 바로 "가리킴은 이
르지 못한다"는 명제가 의미하는 것이다.

　"불은 뜨겁지 않다", "산은 입에서 나온다", "눈은 보지 못한다"
는 명제도 이해하기 어렵다. 그러나 언어와 대상 사이의 관계가 자
의적이라는 주장, 즉 "가리킴은 이르지 못한다"는 명제를 이해하
면, 이 세 가지 주장은 어렵지 않게 해석될 수 있다. 여기서 주어로
등장하는 '불', '산', '눈'은 모두 실제 대상을 의미하는 것이 아니
라 그것을 가리키는 언어에 불과하다. 당연히 '불(언어)'은 '불(대
상)'처럼 뜨겁지 않고, '산(언어)'은 우리가 입으로 말하는 언어이
며, 마지막으로 '눈(언어)'은 '눈(대상)'처럼 보지 못한다. 결국
불, 산, 눈과 관련된 세 가지 명제는 '가리킴은 이르지 못한다'는
원리를 적용해서 만들어진 것이다. 따라서 이것은 언어의 고유한
논리를 발견한 것에 다름 아니다.

　언어를 문제로 삼았던 혜시와 공손룡 같은 명가가 중요한 이유
는 바로 여기에 있다. 물론 그들도 언어가 특정 대상을 지시하게
되면 그 언어는 마치 대상과 하나가 된 것처럼 기능한다는 점, 즉
'가리킴이 이르게 되면 끊어지지 않는다'는 점을 알고 있었다. 다
시 말해 그들도 일반 사람들과 마찬가지로 '불은 뜨겁다'라는 표
현을 의미 있게 사용한다. 그러나 그들은 철학적인 숙고를 통해서
언어와 실제 대상 사이에는 필연적 관계가 없음을 통찰했고, 이를
'불은 뜨겁지 않다'는 궤변처럼 보이는 명제로 표현하게 된 것이

소쉬르

중국 고대철학의 쟁
점인 명실론은 언어
의 자의성을 사유하고 있다.
이 점에서 명가는 소쉬르Fer-
dinand de Saussure (1857
~1913)로 대표되는 구조주의
언어학의 논의를 선취했다고
할 수 있다. 소쉬르는 기표(시
니피앙)와 기의(시니피에) 사
이의 관계가 자의적이라는 것,
그것은 단지 관습의 문제라는
것을 발견했다. 프랑스에서는
예쁜 날개를 가진 곤충을 '파
피용'이라 부르고, 우리나라에
서는 '나비'라고 한다. 여기서
'파피용'이나 '나비'라는 기
표는 그것이 가리키는 '예쁜
날개를 가진 곤충'이라는 기
의와는 필연적 관계가 전혀
없다.

다. 반면 '불은 뜨겁지 않다'라는 명제를 궤변으로 이해하는 일반 사람들은 불(언어)과 불(대상)을 구별하지 못하고 있는데, 이것은 그들이 '가리킴이 이르게 되면 끊어지지 않는' 일상적인 삶의 세계에 매몰되어 있다는 것을 말해준다.

3. 산과 연못은 같은 높이에 있다, 혜시

혜시는 지금까지 별로 주목을 받지 못한 사상가이지만, 그의 언어철학과 형이상학은 장자에게 깊은 영향을 미쳤다. 그리고 《장자》 도처에는 혜시와 장자의 철학적 대화가 많이 등장한다. 그 중 유명한 것이 바로 《장자》 〈서무귀(徐无鬼)〉편이다. 여기서 장자가 혜시의 무덤을 찾아서 다음과 같이 술회하는 장면이 나온다. "혜시가 죽었기 때문에, 나는 짝으로 삼을 만한 사람이 없어서, 이제 이야기를 할 사람이 없게 되었다."

앞에서 이야기했던 것처럼 우리는 <u>혜시</u>의 사상을 《장자》 〈천하〉편 마지막 부분에 등장하고 있는 역물에 대한 논의를 통해서 확인할 수 있다. 여기에는 혜시의 유명한 열 가지 명제가 등장한다. 이제 직접 그의 난해한 논의를 살펴보도록 하자.

가장 큰 것은 외부가 없는데, 이것을 '가장 큰 일자(大一)'라고 부른다. 가장 작은 것은 내부가 없는데, 이것을 '가장 작은 일자(小一)'라고 부른다.

두께가 없는 것은 쌓을 수 없지만, 그 길이는 천 리다.

하늘은 땅만큼 낮고, 산은 연못만큼 평평하다.

해는 하늘 정중앙에 있을 때 지고 있는 것이고, 사물들은 살아 있을 때 죽어가고 있는 것이다.

크게 같음과 작게 같음은 다른데, 이것을 '작은 같고 다름〔小同異〕'이라고 한다. 만물은 모두 같고 모두 다른데, 이것을 '커다란 같고 다름〔大同異〕'이라고 한다.

남쪽은 한계가 없지만 한계를 가지고 있다.

나는 오늘 월나라에 가서 어제 도착했다.

연결된 고리들은 풀릴 수 있다.

나는 천하의 중심을 아는데, 연나라의 북쪽과 월나라의 남쪽이 이것이다.

만물을 널리 사랑하면, 천지는 하나의 단위로 셀 수 있다.

《장자》, 〈천하〉

혼란한 전국시대를 마무리하고 새로운 통일국가를 염원하는 분위기 속에서 사상의 혼란과 무질서를 유가 사상에 근거해서 절충·통일하려 했던 사람이 바로 순자이다. 특히 그가 심각하게 생각했던 것은 당시 제자백가의 혼란한 언어 사용이었다. 이것을 바로잡기 위해 그는 〈정명(正名)〉편을 쓰게 된다.

혜시의 열 가지 주장 중 마지막 명제를 제외한 나머지는 《순자》 〈정명〉편을 참조해 이해할 수 있다. 순자는 혜시가 예외적인 경험을 가지고 통상적인 명실 관계를 해체하려 했다고 보고, 이를 '언어 밖의 실재를 가지고 개념을 어지럽히는〔用實以亂名〕' 것이라고 했다. 예컨대 세 번째 명제는 산 정상에도 연못이 있을 수 있다는 사실〔實〕을 들어서 상식적인 '산=높음', '연못=낮음'의 도식의 보편성을 문제 삼는다. 혜시의 논리에 대한 순자의 평가가 옳다면, 혜시는 한 개념과 그것을 관념적으로 함축하는 다른 개념 사이의 연결고리를 끊으려고 했던 것이다. 다시 말해 산은 높음과 낮음이라는 규정을 모두 수용할 수 있고, 또 연못도 높음과 낮음이라는 규정을 모두 수용할 수 있다. 결국 순자에 따르면 혜시는 '산은 높다'든가 아니면 '연못은 낮다'라는 일반적인 관념을 '산보다 높은 연못이 있을 수 있다'는 사실을 들어 해체하려고 했다는 것이다.

그런데 만약 혜시에 대한 순자의 평가가 옳다면, 혜시는 실제 경험에 호소해서 사람들의 통념을 해체하려는 철저한 경험론자였을 것이다. 경험론은 사변적인 논리나 추상적인 개념보다는 인간의 경험을 진리의 근거라고 생각하기 때문이다. 그러나 혜시에 대한 순자의 이해는 정확하지 않았다. 혜시는 경험론자보다는 오히려 합리론자다운 면모를 많이 보인다. 왜냐하면 그는 인간의 경험을 벗어나서, 단지 인간의 이성으로만 논의할 수 있는 영역에 대해 관심을 기울이고 있기 때문이다. 예를 들어 첫 번째 명제를 살펴보자. "가장 큰 것은 외부가 없는데, 이것을 '가장 큰 일자'라고 부른다. 가장 작은 것은 내부가 없는데, 이것을 '가장 작은 일자'라고 부른다." 이는 경험으로부터 얻어질 수 있는 것이 아니라, 순수한 논리 즉 사유를 통해서만 얻어질 수 있다. '가장 큰 것은 외부가 없다'는 순수하게 논리적인 명제다. 만약 가장 큰 것이 외부를 가진다면, 그 외부를 포함한 것이 가장 큰 것이 될 것이다. 따라서 만약 가장 큰 것이 있다면 그것은 외부가 없어야 하는데, 이것은 결코 경험으로 확인될 수 없다.

이 점에서 우리는 혜시의 다섯 번째 명제에 주목하게 된다. "크게 같음과 작게 같음은 다른데, 이것을 '작은 같고 다름'이라고 한다. 만물은 모두 같고 모두 다른데, 이것을 '커다란 같고 다름'이라고 한다." 이 명제를 통해 그는 자신이 순수한 사유를 통해서 구성한 논리적 세계관을 피력하고 있다. 우선 편의상 이 세계에 두 개의 개별자, 즉 망아지 한 마리와 강아지 한 마리만 있다고 해보자. 혜시에 따르면 이 세계의 모든 개별자는 '모두 같음 / 크게 같음 / 작게 같음 / 모두 다름'이라는 위계로 설명할 수 있다. '모두 같음'이라는 위상에는 '존재한다'는 정의가 속할 수 있다. 어쨌든 망아지나 강아지는 존재하기 때문이다. 그 다음에 '크게 같음'에는 '생물'이라는 정의가 속할 수 있다. 망아지와 강아지는 모두 살아 있기 때문이다. 그 다음 '작게 같음'에는 '동물'이라는 정의가 속할 수 있다. 망아지와 강아지는 식물과는 달리 활동하면서 생명을 유지하기 때문이다. 마지막으로 '모두 다름'에는 '개별성'이라는 정의가 속할 수 있다. 어쨌든 망아지는 망아지고, 강아지는 강아지이기 때문이다.

순수한 사변에 의한 논리적 추론 끝에서 혜시는 만물이 '모두 같다[畢同]' 는 차원을 발견하게 된다. 이것은 그가 '존재(언어)'라는 언어를 사변적으로 구성함으로써, 그것에 해당하는 '존재(대상)'의 세계를 동시에 발견했다는 의미이기도 하다. 명실론에 따르면 모든 언어는 그 지시 대상을 가지고 있다. 이런 차원을 발견했기 때문에 그는 열 번째 명제에서 "만물을 널리 사랑하면, 천지는 하나의 단위로 셀 수 있다"고 말한다. 그런데 묵자의 '겸애'를 연상시키는 이 명제는 단지 사변적인 주장에 불과한 것 아닐까? 내가 A를 사랑한다는 사실은 A가 아닌 것, 즉 무수히 많은 다른 것에 대해 무관심하다는 것을 의미하기도 한다. 따라서 현실적으로 모든 것을 사랑한다는 것은 어떤 것도 사랑할 수 없다는 것을 함축한다고 할 수 있다. 이 점에서 우리는 사랑이라는 개념이 구체적인 개별자와 개별자 사이의 관계에만 의미를 지닐 수 있다는 점을 생각하지 않을 수 없다.

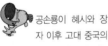

사랑은 어떤 주체가 다른 누구와도 바꿀 수 없는, 즉 단독적인singular 사람에 대해 모든 관심을 집중하는 현상이라고 할 수 있다. 따라서 사랑에 빠지게 되면 사랑하는 사람을 제외한 다른 사람에게는 상대적으로 무관심할 수밖에 없다. 이 점에서 모든 사람을 사랑한다는 것은 이념적으로 가능할지 몰라도 인간에게는 현실적으로 불가능하다고 할 수 있다.

4. 백마는 말이 아니다, 공손룡

공손룡이 혜시와 장자 이후 고대 중국의 사상계를 풍미했다는 증거는 도처에서 보인다. 《장자》의 여러 편을 살펴보면 장자의 후학들은 자신의 스승을 부각시키기 위해 당시 사상계에 혜성처럼 등장한 공손룡을 평가 절하하고 있음을 알 수 있다. 《장자》 〈추수(秋水)〉편 후반부에 등장하는 공손룡과 위모(魏牟)의 대화는 이 점을 잘 보여 주고 있다.

공손룡을 유명하게 만든 명제는 무엇보다도 '백마는 말이 아니다'라는 주장이다. 일상적으로 검은 말, 흰 말, 누런 말 등 여러 색깔을 가진 말들은 모두 말이라는 유(類)에 속한다. 다시 말해서 말이 가진 여러 색깔은 말의 본질에 해당하는 것이 아니라, 우연적인 속성에 불과하다. 그러나 공손룡은 이런 상식과는 다른 주장을 하고 있다. 이런 점 때문에 순자 역시 〈정명〉편에서 공손룡을 '이름

을 가지고 실제를 어지럽히는[用名以亂實]' 궤변론자라고 비난했
다. 우선 백마는 말이 아니라고 주장하는 이유가 무엇인지 공손룡
의 이야기를 직접 들어보자.

"백마가 있으면 말이 없다고 말할 수는 없다. 말이 없다고
말할 수 없다는 것이 말이 있다는 것 아닌가? 백마가 있다는
것은 곧 말이 있다는 것인데, 도리어 백마는 말이 아니라고
하니, 왜 그런가?"
"말을 찾으면 백마나 황마 중 어느 것을 가져와도 좋다. 그
러나 백마를 찾을 때 황마나 흑마를 가져올 수는 없다. 백마
가 말이라면 이것은 찾는 것이 한 가지라는 것이다."

《공손룡자》, 〈백마론(白馬論)〉

여기서 공손룡의 논증은 타당하지 않은 것 같다. 왜냐하면 이미
공손룡은 말을 찾으면 백마나 황마 중 어느 것을 가져와도 좋다고
말함으로써 백마도 말이라는 사실을 인정하고 있기 때문이다. 공
손룡이 '백마는 말이 아니다'의 논거로 든 언어의 실천적 쓰임의
문맥은 분명 비논리적인 분석이다.
'단단함과 흼을 분리해야 한다[離堅白]'는 주장은 '백마는 말
이 아니다'라는 주장과 함께 공손룡의 대표적인 명제다. 이 명제
는 〈견백론(堅白論)〉편에 전개되어 있는데, 여기서 공손룡은 '단
단함[堅], 흼[白], 돌[石]'은 '셋'이 아니라 '둘'이라고 주장한다.
공손룡의 이야기를 직접 읽어보면서 그가 제시한 근거를 음미해

보자.

"굳음, 흰색, 돌은 셋이라고 할 수 있는가?"

"그렇지 않다."

"둘이라고 할 수 있는가?"

"그렇다."

"왜 그런가?"

"굳음이 없고 흰색만을 얻으면 가리키는 것이 둘이 되고, 흰색이 없이 굳음만을 얻으면 가리키는 것이 둘이 된다."

"이미 흰색을 얻었다면 흰색이 없다고 할 수 없고, 이미 굳음을 얻었다면 굳음이 없다고 할 수 없다. 그 돌에 이렇게 굳음과 흰색이 있는데 어떻게 셋이 아닌가?"

"눈으로는 굳음을 볼 수 없고 흰색만을 볼 수 있으므로 굳음은 없다. (어루만지면) 흰색은 알 수가 없고 굳음만을 알 수 있으므로 흰색은 없다."

《공손룡자》, 〈견백론〉

이 경우 공손룡은 감각의 종류, 즉 촉각과 시각을 구별해 논의를 진행하고 있다. 먼저 촉각을 통해서는 단단함과 그 단단함이라는 속성을 담지하는 돌, 즉 두 요소만을 지시할 수 있다. 이와 마찬가지로 시각을 통해서는 흼과 그 흼이라는 속성을 담지하는 돌이라는 두 요소만을 지시할 수 있다. 그러므로 흼과 단단함을 분리해야 한다. 이것이 '단단함과 흼을 분리해야 한다'는 주장의 근거다. 분명 그가 '흰 단단한 돌'을 '흰 돌'이나 '단단한 돌'로 분리해야 한다고 주장한 데는 나름의 이유가 있다. 그러나 주의해야 할 것은 이경우에 그가 제시하고 있는 근거, 즉 감각기관의 차이라는 근거가 〈백마론〉편에서 주장한 언어의 실천적 쓰임이라는 근거와는 다르다는 점이다. 여기서의 기준은 철저하게 감각기관의 능력에 있다.

그리고 여기에 공손룡이 간과하고 있는 것이 또 하나 있다. 그것은 돌과 흼이 시각에 의존한다면 굳음은 촉각에만 의존한다는 점이다. 그는 감각기관을 기준으로 '단단한 돌'을 둘이라고 이야기한다. 시각으로는 돌의 형체를 볼 수 있고, 촉각으로는 단단함을 느낄 수 있기 때문이다. 그러나 흰 돌은 그렇지 않다. 왜냐하면 흼이라는 색과 돌이라는 형태는 모두 시각에 의존하기 때문이다. 그렇다면 공손룡은 흰 돌을 둘이라고 이야기하기 위해서 다시 실천적 언어 쓰임이라는 기준으로 후퇴해야만 할 것이다. 다시 말해 '흰 돌은 돌이 아니다〔白石非石〕'라고 말이다. 이것이 공손룡의 사상을 궤변론으로 만든 이유다. 그는 구체적 대상을 보편자로 일관되게 분리해내지 못했다. 그는 〈백마론〉에서는 실천적 언어 쓰임으로 분리를 시행하고, 〈견백론〉에서는 감각기관의 능력으로 분리를 시행하고 있다. 결국 일관된 분리체계 없이 상황에 의거해서 논증을 수행한 탓에 공손룡은 궤변가라고 비난받게 된 것이다.

5. 통념을 해체하다

혜시와 공손룡으로 대표되는 명가는 분명 고대 중국 철학사에 막강한 영향을 행사했던 학파였다. 그러나 불행히도 명가는 진나라와 한나라 이후 중국 역사 속에서 무시되거나 망각되어버렸다. 통일된 제국의 질서 속에서 유가와 법가만이 국가적으로 양성되면서 다른 학파와의 논쟁이나 토론은 애초에 불가능해졌고, 결국 언어와 논리에 대한 사유는 인정되지 않았다. 물론 전국시대에 명가가 다른 학파와는 달리 언어 분석과 합리적인 논증을 시도했던 것도, 그 시대가 논쟁과 토론에 열려 있었기 때문에 가능했다고 할 수 있다. 그러나 직관과 비유를 좋아하던 다른 학파의 사상가나 일상에 매몰되어 있는 일반인에게 명가의 사유는 잘해야 지적인 유희나 궤변에 불과한 것으로 보였다. 이런 상식적인 입장을 대표하는 철학자가 바로 순자다. 그는 혜시에 대해서는 "대상을 사용하는 데 미혹되어 이름을 어지럽혔다〔惑於用實以亂名〕"고, 공손룡에 대해서는 "이름을 사용하는 데 미혹되어 대상을 어지럽혔다〔惑於用名以亂實〕"고 비판했다.

그러나 몇 가지 논증적 문제에도 불구하고 혜시나 공손룡이 같은 시대나 후대의 사유에 철학적인 자극을 주었다는 것은 확실하다. 특히 중요한 것은 명가가 기존의 통념을 치밀한 논증으로 문제 삼고, 나아가 해체하려고까지 했다는 점이다. 기존의 주류 철학 전통, 즉 유가, 법가, 묵가는 명가의 공격으로부터 자신들의 철학적 주장을 옹호하는 과정에서 사유를 발전시키게 되었으며, 그 결과가 바로 순자, 후기 묵가, 그리고 한비자의 사유에서 확인된다.

여기서 한 가지 더 주목해야 할 것은 혜시가 장자에게 끼친 영향이다. 만약 혜시의 논증이 없었다면, 우리는 〈제물론〉편에 등장하는 장자의 현란한 해체의 논리를 볼 수 없었을 것이다. 《장자》의 〈제물론〉편은 혜시와 같은 언어철학적인 방법으로 옳고 그름을 가리는 논쟁을 모두 상대적인 주장에 불과한 것으로 논증하고 있다. 우리가 간과해서는 안 되는 것은 장자가 맹목적으로 혜시의 논리를 채용한 것은 아니라는 점이다. 그는 혜시의 논리를 이용하여 혜시의 주장마저도 상대적인 주장으로 만들고 있기 때문이다.

혜시와 공손룡이 들려주는 이야기

알에는 털이 있다.

닭의 발은 세 개다.

영 땅에 세계가 있다.

개는 양이 될 수 있다.

말은 알을 낳는다.

두꺼비도 꼬리가 있다.

불은 뜨겁지 않다.

산은 입에서 나온다.

수레바퀴는 땅에 닿지 않는다.

눈은 보지 못한다.

가리킴은 이르지 못하지만, 이르게 되면 끊어지지 않는다.

거북이가 뱀보다 길다.

곱자로는 사각형을, 컴퍼스로는 원을 그리지 못한다.

구멍이 (들어가는) 나무 촉을 둘러싸고 있는 것은 아니다.

날아가는 새의 그림자는 움직이지 않는다.

날아가는 화살은 움직이지 않고 정지하지도 않는 때가 있다.

강아지[狗]는 개[犬]가 아니다.

누런 말과 검은 소를 합치면 셋이다.

흰 개는 검다.

어미가 죽은 망아지는 어미가 있었던 적이 없다.

한 자의 채찍을 하루에 반씩 가르면 만년이 되어도 다 없어지지 않는다.

《장자》, 〈천하〉

卵有毛. 鷄三足. 郢有天下. 犬可以爲羊. 馬有卵. 丁子有尾. 火不熱. 山
出口. 輪不蹍地. 目不見. 指不至, 至不絶. 龜長於蛇. 矩不方, 規不可以
爲圓. 鑿不圍枘. 飛鳥之景未嘗動也. 鏃矢之疾, 而有不行不止之時. 狗
非犬. 黃馬驪牛三. 白狗黑. 孤駒未嘗有母. 一尺之捶, 日取其半, 萬世不
竭.

 한자 풀이

郢(영) : 초나라의 수도

丁子(정자) : 두꺼비

蹍(전) : 밟다

矩(구) : 네모난 모양을 그리는 자

規(규) : 컴퍼스

鑿(착) : 끌

枘(예) : 나무 촉, 장부

鏃(촉) : 화살촉

狗(구) : 강아지

驪(려) : 검다

駒(구) : 망아지

竭(갈) : 소멸하다

깊이 읽기

혜시와 공손룡을 대표로 하는 명가가 구체적으로 어떤 논증을 전개했는지 알려주는 귀중한 자료다. 그러나 아직도 구체적으로 확증된 해석은 존재하지 않는다. 단지 어느 해석이 더 포괄적인지의 여부만이 남아 있다. 그러나 명가의 스물한 가지 명제를 해석할 때, 염두에 두어야 할 지침이 하나 있다. 그것은 타당한 해석이 되려면, 어떤 해석이라도 일반 사람들에게는 이 명제가 왜 궤변으로 들리는지의 여부와 동시에 논리적으로 타당성을 가질 수 있다는 측면을 동시에 보여주어야만 한다는 점이다.

 더 읽어볼 만한 책

손영식, 《혜시와 공손룡의 명가철학》(울산대학교출판부, 2005)

명가에 대한 국내 유일의 전문 연구서다. 성리학을 포함한 동양 철학에 두루 정통한 저자의 통찰이 잘 드러나 있다. 혜시의 사상에 대한 철학적 분석은 중국이나 일본의 학자에 비해서도 손색없이 훌륭하다. 특히 주목해야 하는 것은 혜시의 사유 속에서 중국적 형이상학의 기원과 가능성을 엿보려는 저자의 시도다. 나아가 혜시의 사유와 장자의 사유의 연속성을 해명하는 부분도 제자백가를 전문적으로 연구하려는 사람들에게 많은 도움을 줄 것이다.

송영배, 《제자백가의 사상》(현음사, 1994)

중국 고대 철학사를 직접 맛보려면 무엇보다도 먼저 원전을 읽어보아야 한다. 그러나 그보다 앞서 제자백가가 어떤 사상을 피력했는지를 간단히 확인해보는 것도 유용할 것이다. 이 책은 중국 고대 철학사를 오랫동안 연구했던 철학자의 역량이 묻어 있는 일종의 제자백가 선집이다. 각 사상가에 대한 간단한 소개와 아울러, 그들의 원전을 주제별로 요령 있게 정리하고 있어 많은 도움을 준다. 특히 명가 사유를 다룬 부분은 기존의 연구 성과를 종합적으로 반영하고 있기 때문에, 복잡한 명가 사유의 전모를 대략적으로나마 확인하는 데 요긴할 것이다.

제9장

순자—자연과 인간을 분리하다

순자

순자(기원전 298?
~238?)의 본명
은 순황(荀況)이며, 순나라에
서 태어났으나 당시 이곳이
전국시대 조나라에 속해 있었
으므로 조나라 사람으로 알려
져 있다.

1. 동양의 아리스토텔레스

순자는 전국시대 말기에 맹자를 이어 유가의 사상을 체계화한
대표적인 인물이다. 《사기》에 따르면 순자는 50세의 나이에 제나
라의 직하학궁에 갔다고 한다. 제나라 수도의 서쪽에 있던 이곳은
전국시대 당시 유가를 비롯하여 묵가, 도가, 법가, 명가 등에 속하
는 다양한 학자들이 모여들어 자유로이 자기 분야의 학문을 연구
하고 활기차게 논쟁하던 곳이었다. 직하학궁에서 순자는 직하의
학자 중 최고의 관록과 능력을 인정받아서 세 차례나 좨주(祭酒,
직하학궁의 장)를 지냈다. 그러는 동안 순자는 제자백가의 여러
입장을 두루 섭렵함으로써 자기 학문의 영역을 폭넓게 확장시킬
수 있었던 것으로 추정된다. 《순자》는 전국시대를 통틀어 가장 포
괄적이고 체계적이었던 사상가 순자의 사상이 담겨 있는 책이다.

직하학궁도

　흔히 순자는 성선설을 주장한 맹자와 비교되면서 단순히 성악설
을 주장했던 학자로 기억된다. 그러나 그는 동양의 아리스토텔레
스Aristoteles라고 할 만큼 기존의 모든 사상을 비판적으로 종합
했던 위대한 사상가다. 아리스토텔레스가 경험을 중시했던 것과
마찬가지로, 순자도 일체의 종교적인 관념에서 탈피한 탁월한 경
험주의자다. 순자의 경험주의가 빛을 발하는 지점은 아마도 공자
이래 유학 사상의 슬로건이었던 예를 사회학적인 시선에서 새롭
게 해석하는 대목일 것이다. 그에게 예란, 맹자가 주장하듯이 인간
의 본성에 근거한 것이 아니라 인간의 탐욕스러운 삶을 규제하기
위해서 성인이 제정한 것에 지나지 않는다. 이것이 바로 순자의 성

악설이 출현하게 된 맥락이다. 맹자가 인간의 내면만을 응시하여 본성을 찾으려고 한 데 반해, 순자는 사회와 역사라는 프리즘으로 인간을 관찰할 정도로 폭넓은 사회과학적 통찰력을 가지고 있었던 것이다.

2. 인간 문화의 고유성을 발견하다

순자의 사상을 이해하는 데 있어 가장 중요한 것은 그가 직하학

궁의 대표자를 세 차례나 지냈다는 점이다. 직하학궁이 제자백가의 치열한 논쟁의 자리였다면, 그의 역할은 당연히 다양한 사상이 교류할 수 있는 조건을 마련하는 데 있었을 것이다. 만약 이런 역할을 수행하는 데 실패했다면, 좨주의 역할을 세 차례나 수행할 수 없었을 것이다. 일종의 사회자 같은 역할에 충실하기 위해서, 그는 다른 모든 사상가의 주장과 그 한계에 밝을 수밖에 없었다. 바로 이것이 순자의 사유가 지닌 합리성과 포괄성을 설명해주는 계기라고 할 수 있다. 사회자는 논쟁하는 두 편의 입장을 합리적으로 조정하고 중재해야 하며, 또한 그렇게 하기 위해서 양측을 조망할 수 있는 더 체계적인 입장에 서 있어야 하기 때문이다. 이 때문에 순자의 사유는 독단적이거나 신비적인 종교적 주장에서 거리를 두게 되었고, 누구나 납득할 수 있는 경험주의적인 체계를 갖추게 된 것이다.

요임금

순자의 사유가 지닌 경험주의적인 특징을 가장 잘 보여주는 것이 바로 그의 하늘, 즉 천(天)에 대한 이해다. 직접 그의 말을 들어보자.

> 하늘의 운행에는 일정한 법도가 있다. 요(堯)임금 때문에 존재하는 것도 아니고 걸왕 때문에 없어지는 것도 아니다. 거기에 다스림으로 호응하면 곧 길하고, 거기에 어지러움으로 호응하면 곧 흉하다.
>
> 《순자》,〈천론(天論)〉

 요임금은 중국 고대 신화에 등장하는 왕으로, 순임금과 함께 성군의 대명사로 불린다. 요순시대는 흔히 태평성대를 가리키는 말로 사용된다. 유가가 요순의 시대를 태평성대라고 숭상하는 이유는 이 시대에는 세습적인 군주제가 통용되지 않았기 때문이다. 요임금, 순임금은 자신의 아들이 아니라, 덕이 있고 능력 있는 자에게 권좌를 물려주었다.

순자가 살았던 시대는 오늘날보다 훨씬 더 종교적인 시대였다. 다시 말해 그가 살았던 시대는 모든 사건 속에 반드시 숨겨진 신적인 질서, 즉 '하늘의 명령〔天命〕'이 있다고 맹신하던 시대다. 천명과 관련된 미신적인 사유 중 대표적인 것은 기후와 관련된 것으로, 군주가 정치를 잘하면 홍수나 가뭄의 피해가 없어지고, 그렇지 않으면 홍수나 가뭄의 피해가 심해진다는 믿음이었다. 순자라는 사상가가 탁월했던 이유는 그가 이런 종교적 맹신의 분위기에 결코 젖어들지 않았다는 데 있다. 순자에게 하늘은 단지 자연의 일부분에 불과했다. 나아가 그는 자연이란 맹목적이고 자의적으로 운동하는 것이 아니라, 나름의 필연성 혹은 법칙을 가지고 있다고 생각했다. 물론 이런 생각에는 자연의 법칙을 인식함으로써, 인간이 자연을 합리적으로 통제할 수 있다는 확신이 전제되어 있다. 그래서 순자는 성인이라고 칭송받는 요임금이 있어서 하늘의 법칙이 있거나, 악인으로 악명 높은 걸왕 때문에 하늘의 법칙이 소멸하는 것은 아니라고 주장했다.

결국 자연의 질서와 정치의 질서가 무관하다는 주장은 순자가 인간 사회의 고유성을 발견했다는 것을 보여준다. 이는 기우제와 관련된 그의 주장에서도 분명히 확인될 수 있다.

순임금

전설에 따르면 요임금은 순임금에게 왕위를 물려주었다. 순임금이 왕위에 오른 이유는, 그가 요임금의 명령을 받고 치수사업에 성공했기 때문이다. 왕위에 오른 순임금 역시 치수산업에 정권의 사활을 걸었다. 순임금의 신하 중 곤의 아들인 우가 치수산업에 마침내 성공하게 된다. 그러자 순임금은 요임금과 마찬가지로 자신의 왕위를 우에게 양위하게 된다.

기우제를 지내면 비가 오는 것은 어째서인가? 그것은 아무 것도 아니다. 기우제를 지내지 않는다 해도 비는 온다. 일식과 월식이 일어나면 그 재난을 막는 의식을 행하고, 가뭄이 들면 기우제를 지내며, 점을 쳐본 뒤에야 큰일들을 결정하

는데, 그렇게 함으로써 바라는 것이 얻어진다고 여기는 것
이 아니라, 형식을 갖추어 위안을 얻는 것이다. 그러므로 군
자는 형식을 갖추기 위해 그런 일을 하고, 백성들은 신령스
러운 것이라 여기고 그런 일을 한다. 형식을 갖추기 위해서
그런 일을 하면 길하지만, 신령스러운 것이라 여기고 그런
일을 하면 흉하다.

《순자》, 〈천론〉

군주를 포함한 당시 사람들은 기우제를 지내면 비가 온다고 굳
게 믿었다. 그러나 순자는 '기우제를 지내는 것'과 '비가 오는 것'

사이에는 어떤 관계도 없다고 단호하게 주장했다. 나아가 그는 기우제라는 예식이 비를 주재하는 절대자에게 비를 구하는 행사가 아니라, 오히려 인간의 자기 위로라는 정신의 메커니즘에서 유래한 것이라고 명확히 지적한다. 농경 사회에서 비는 농작물의 수확량을 결정짓는 중요한 요소다. 그러므로 비가 오지 않는다고 해서 마냥 하늘만 보고 있을 수는 없었다. 언제 올지도 모르는 비를 기다리다 보면 인간은 극도의 불안감과 무력감에 빠지고 절망하게 되므로, 군주는 기우제라는 의례를 거행함으로써 백성들로 하여금 곧 비가 온다는 희망을 갖게 했다는 것이다.

자연의 질서와 사회의 질서를 구분한 순자의 통찰이 지니는 진정한 의의는, 이것이 그의 전체 사유체계를 규정한다는 데 있다. 특히 중요한 것은 그의 유명한 성악설에도 자연과 사회의 분리가 전제되어 있다는 점이다. 실제로 인간은 자연적 질서와 사회적 질서 양쪽 모두에서 영향을 받는다. 순자는 전자를 우리가 통제하고 이용해야 하는 본성[性]이라고, 후자를 자연을 통제하는 인위[僞]라고 개념화한다.

3. 맹자의 성선설에 반대하다

순자의 성악설은 맹자의 성선설을 비판하는 데서 비롯되었다. 분명 맹자는 위기에 빠진 유학 사상을 다시 살려내려 한 유학의 대변자다. 그러나 앞서 살펴본 것처럼 그의 시도는 철학적으로 그렇게 성공적이지 못했다. 맹자 사유의 가장 큰 난점은, 공자가 평생 절대시했던 외재적인 예를 본성이 실현된 마음, 즉 사양지심 정도로 내면화해버렸다는 데 있다. 공자는 인한 사람도 예를 내면화하기 위해서는 엄청난 자기 수양을 거쳐야 한다고 주장했다. 공자에게는 '예의 외재성'과 아울러 그것을 학습하려는 '주체의 의지'가 다른 무엇보다도 중요한 요소였다. 그런데 맹자는 예를 본성의 일종으로 간주함으로써 공자 사상의 기반을 흔들었다.

따라서 예를 원래의 자리로 돌리려는 순자의 시도가 발생한 것은 우연이 아니다. 예의 외재성이라는 공자의 핵심 취지를 회복하기 위해 노력했던 순자의 입장은《순자》〈성악(性惡)〉편에 논리정연하게 드러나 있다. 여기서는 순자의 논증 가운데 특히 중요한 두 가지 논증만 순차적으로 살펴보도록 하자. 첫 번째 논증은 다음과 같다.

맹자는 말했다. "사람이 배울 수 있는 것은 그 본성이 착하기 때문이다."

(순자는) 말했다. "인간의 본성은 그렇지 않다. 그것은 인간의 본성을 잘 알지 못하고 인간의 본성과 인위의 구별을 잘 살피지 못한 것이다. 본성이란 하늘이 부여한 것이니 배울 수 있는 것도 아니고 인위적으로 해서 되는 것도 아니다. (그러나) 예의란 성인이 만들어낸 것으로 사람들이 배워서 할 수 있고 노력해서 이룰 수 있는 것이다. 배워서 될 수 없고 노력해서 될 수 없는 것으로 인간에게 (선천적으로) 갖춰져 있는 것을 본성이라 하고, 배워서 할

공자의 청동상

수 있고 노력해서 이룰 수 있는 것으로 인간에게 있는 것을 인위라고 한다. 이것이 본성과 인위의 구별이다. 지금 인간의 본성이란, 눈으로 볼 수 있고 귀로 들을 수 있음을 말한다. 볼 수 있는 시력은 눈에서 떠나 있는 것이 아니고 들을 수 있는 청력은 귀를 떠나 있는 것이 아니니, 눈으로 보는 것과 귀로 듣는 것은 배울 수 없음이 자명하다."

《순자》, 〈성악〉

철학적 영향력이나 체계성이라는 점에서 볼 때 당시의 어떤 사상가도 순자를 넘어설 수 있는 사람은 없었다. 그럼에도 불구하고 순자가 과소평가되는 이유는 무엇인가? 그것은 맹자를 중심으로 하는 유학 사상이 한나라 이후 중국의 사상계를 장악했기 때문이다. 송나라 시대부터 등장한 성리학은 이런 경향을 더욱 강화시켰다. 성리학에 따르면 순자는 인간의 선한 본성(본연지성)을 정확히 인식하지 못했고, 단지 육체적인 본성(기질지성)만을 강조했던 이류철학자에 불과했기 때문이다.

위는 '사람'이라는 뜻을 가진 '인(人)'과 '행동'이라는 뜻을 가진 '위(爲)'가 합쳐진 글자다.

맹자를 중시하는 유학 연구자나 이들에게 영향을 받은 사람들은 순자의 성악설을 인간성을 불신하는 조잡한 이론쯤으로 치부하는 경향이 있다. 그러나 이론적인 측면에서 보면, 맹자의 철학이 오히려 순자의 그것에 비해 정합성이나 체계성 면에서 수준이 떨어진다고 할 수 있다. 앞서 말했던 것처럼 순자가 성악설의 입장을 취하게 된 근본 동기는, 공자 사상의 핵심이라고 할 수 있는 예의 외재성과 주체의 실천의지를 복원하려는 데 있다. 그는 주체의 실천의지를 '위(僞)'라는 개념으로 규정한다. 이 글자는 지금은 '거짓'이라는 의미로 굳어져 사용되고 있으나, 원래는 '인간의 노력'이나 '인간의 실천'을 의미했다.

순자는 본성의 영역과 인위의 영역을 분명히 구별하는 것으로 자신의 논의를 시작한다. 본성의 영역이 선천적으로 주어진 조건이라서 우리의 의지로는 어찌할 수 없는 영역이라면, 인위의 영역은 이와 달리 우리의 의지와 실천에 의해 변경 가능한 영역을 말한다. 흥미로운 것은 맹자가 사단이라는 형식을 통해 예를 본성의 영역에 배속시킨 것과는 달리, 순자는 그것을 인위의 영역에 배속시키고 있다는 점이다. 여기서 우리는 순자의 성악설이 함축하는 논점이, 단순히 인간의 본성을 어떻게 규정하느냐에 있었던 것이 아니라는 점을 이해할 수 있다. 다시 말해 성악설을 통해 순자는 예를 인간의 외부로 되돌려 놓으려고 했다.

예가 인간의 내면에 있는 것이 아니라 과거 성인들의 주체적인 의지와 노력에 의해 만들어진 것임을 밝힘으로써, 예를 행하기 위해서는 의지와 노력으로 학습해야 한다는 주장을 정당화한 것이다. 흔히 순자의 성악설은 맹자의 성선설과 대립되는 것이라고 단순하게 생각하지만 실제로는 그렇지 않다. 분명 맹자가 '인간의 본성은 선하다[性善]'라고 했을 때의 선은 윤리적 의미를 띠고 있다. 그러나 순자가 '인간의 본성은 악하다[性惡]'라고 했을 때의 악은 어떤 윤리적인 의미도 띠고 있지 않다. 맹자의 입장에 따르면 존경하는 어른을 만났을 때 자발적으로 발생하는 사양지심은 선한 감정이다. 그리고 이 감정의 기원이라고 할 수 있는 본성도 당연히 선하다. 그러나 순자는 사양지심과 같은 마음을 인위를 통해 내면화된 감정이라고 간주한다.

순자는 인간의 본성을 윤리적인 선악의 의미가 전혀 없는, 자연 그대로 주어진 것이라고 이해할 뿐이다. 그래서 순자는 자신이 생각하고 있는 본성을, 배우지 않았는데도 볼 수 있고 들을 수 있다는 사실을 통해 비유적으로 설명한다. 여기에는 선악의 문제가 개입되지 않는다. 이런 이유로 이제 순자의 본성은 선악이라는 윤리적 평가에서 자유로울 수 있게 되었다. 이처럼 윤리적 선악의 문제

를 벗어나 있는 순자의 인성론을 비도덕적인 주장쯤으로 폄하해
서는 안 된다.

4. 성악설의 사회철학적 함의

　맹자의 성선설은 기본적으로 인정이라는 정치철학적 이념의 일
부분으로 제안된 것이다. 그런데 인간의 선한 본성을 전제함으로
써 군주의 인정을 요청하는 맹자의 논리는 많은 모순을 낳았다. 맹
자에 따르면 모든 인간은 선한 본성을 가지고 있고, 이 선한 본성
의 확충은 주체 자신의 힘에 의해서 가능하다. 그런데 이런 맹자의
생각은 현실 사회에서 국가 공권력의 정당성과 사회 규범의 역할

을 부정하는 논거로 사용될 수 있다. 인간은 본성적으로 선하므로 선해지기 위해 다른 외적인 것(국가질서, 학문 전통, 관습 등)에 의존할 필요가 없다. 따라서 순자가 보기에는 맹자의 성선설은 사변적이고 낙관적일 뿐만 아니라, 현실감각이 결여된 비현실적인 주장에 지나지 않았다.

맹자는 말했다. "인간의 본성은 선하다."
(순자가) 말했다. "그렇지 않다. 무릇 예부터 지금까지 세상 사람들이 선이라고 말한 것은 올바르고 질서 있고 공평하고 다스려진 것이었고, 악이라고 말한 것은 치우치고 음험하고 어긋나고 혼란스러운 것이었다. 이것이 선함과 악함의 구분이다. 지금 진실로 사람의 본성을 올바르고 질서 있고 공평하고 다스려진 것으로 생각한다면, 성왕은 무슨 소용이 있으며 예의는 무슨 소용이 있겠는가! 비록 성왕과 예의가 있다 할지라도 올바르고 질서 있고 공평하고 다스려진 것에 무엇을 더할 수 있겠는가! 지금 보면 그렇지 않으니 사람의 본성은 악한 것이다. 그러므로 옛날에 성인들은 사람의 본성이 악하다고 여겼고, 그들이 치우치고 음험해서 바르지 않으며 어긋나고 혼란스러워 다스려지지 않았다고 여겨 군주의 권세를 세워서 그들 위에 군림하도록 했고, 예의를 밝혀서 그들을 교화했으며, 올바른 법도를 만들어 그들을 다스렸고, 형벌을 무겁게 해서 그들의 악한 행동을 금지했다. 그렇게 함으로써 세상 사람들이 모두 잘 다스려졌고 선함에

부합되었다. 이것이 바로 성왕의 다스림이고 예의의 교화다. 지금 시험 삼아 군주의 권세를 없애고 예의를 통한 교화를 중지하며, 올바른 법도의 다스림을 없애고 형벌에 의한 금지를 없애고서 세상 사람들이 서로 어떻게 어울리는지를 살펴보자. 만약 이렇게 한다면 곧 강한 자가 약한 자를 해치며 그들의 것을 뺏을 것이고, 수가 많은 자들이 적은 자들에게 난폭하게 굴면서 그들을 짓밟을 것이다. 세상 사람들이 어긋나고 혼란스러워져 한참을 기다릴 것도 없이 망하게 될 것이다. 이로써 보건대, 사람의 본성이 악한 것이 분명하며 사람이 선하다는 것은 인위적 결과이다."

《순자》, 〈성악〉

맹자의 선악 개념은 윤리학적 의미를 강하게 띠고 있다. 인간은 측은지심으로 대표되는 선한 감정을 누구나 가지고 있기 때문에, 이 선한 감정을 따르면 인간은 모두 선한 행위를 할 수 있다. 그런데 이런 선한 감정에 반해서 행동할 때는 악한 행위를 하게 된다. 이처럼 맹자의 선악 개념은 기본적으로 인간 주체의 윤리적 행동과 밀접하게 관련되어 있다. 반면 순자의 선악 개념은 사회학적 의미를 강하게 띠고 있다. 그에게 선은 기본적으로 사회적 질서가 확보된 상태를, 악은 사회적 무질서 상태를 가리킨다. 맹자의 성선설을 공격하면서 순자는 핵심적인 질문 하나를 던진다. 만약 맹자의 말대로 인간이 스스로 선하다면, 군주로 대표되는 국가질서와 예의로 대표되는 사회 규범은 무슨 소용이 있겠느냐는 말이다. 이처럼 순자에게는 맹자의 성선설이 국가질서와 사회질서의 정당성을 근본적으로 훼손하는 주장이었다.

맹자에게 순자는 다음과 같이 반문한다. "만약 국가의 공권력과 사회질서의 규범을 없앤다면 어떤 결과가 초래되는가?" 순자의 진단에 따르면 사회는 강한 자가 약한 자를, 다수가 소수를 억압하고 침탈하는 무질서의 아노미 상태로 전락하게 될 것이다. 만약 그의 진단처럼 국가의 공권력과 사회질서의 규범이 없어졌을 때 이런 무질서 상태가 도래한다면, 맹자에 대한 순자의 비판은 타당성을 확보할 수 있을 것이다. 순자는 왜 인간사회에 공권력과 사회규범이 필요한지를 다음과 같이 정당화한다.

 인문학적 정신이란 약육강식의 논리를 벗어나려는 정신을 말한다. 이 점에서 순자는 분명 자신이 인문학자임을 명확히 의식하고 있었다고 할 수 있다. 그러나 그가 생각하지 못했던 것은 약육강식을 막기 위해서 요청된 공권력과 사회질서가 사회적 강자들의 기득권을 정당화하는 논리로 사용될 수 있다는 점이다. 공권력과 사회질서가 약육강식의 논리라는 양주와 장자의 통찰이 중요한 이유도 바로 여기에 있다.

> 사람은 태어날 때부터 욕망을 가지고 있다. 욕망을 부려도 채워지지 않으면 (그것을 끝없이) 추구하지 않을 수 없다. 욕망을 추구하는 데 있어서 일정한 분수와 한계가 없으면 서로 다투지 않을 수 없고, 서로 다투면 사회는 혼란하게 되며, 혼란해지면 (한정된 재화가) 바닥나고 만다. 선왕은 이러한 혼란을 싫어했다. 그래서 예의를 제정해 사람마다 분수를 정하고, (이 분수에 따라) 사람의 욕망을 정도에 맞도록 길러주고 사람의 욕구를 채워주었다. 또 욕망이 결코 재화를 바닥내는 데까지 이르지 않도록 하고, 재화가 욕망 때문에 바닥나는 일이 없도록 하여, 이 둘(욕망과 재화)이 서로 연관되어 발전하도록 했다. 이것이 예의 기원이다.
>
> 《순자》, 〈예론(禮論)〉

순자의 입장에 따르면, 인간 욕망의 무한성과 그것을 충족시켜 줄 재화의 유한성이라는 모순을 해결하기 위해 예가 만들어졌다. 따라서 만약 인간에게 외적인 공권력과 사회 규범이 없다면, 인간의 욕망과 부족한 재화는 모순 관계에 빠지고 사회는 걷잡을 수 없는 무질서 상태로 전락할 것이다. 맹자의 성선설이 비현실적일 뿐 아니라 정치적 질서를 해칠 가능성이 있다는 순자의 비판은, 바로 이런 인간과 사회에 대한 현실적 판단에 의해 가능했다. 맹자는 애초에 인간이 욕망을 가진 존재라는 사실을 심각하게 받아들이지 않았다. 그는 육체적 욕망을 선한 본성에서 유래하는 선한 감정을 막는 부정적인 계기 정도로만 다루었다.

이와 달리 순자는 인간의 욕망을 부정적인 계기와 긍정적인 계

기로 사유한다. 그에게 인간의 욕망은 사회를 혼란에 빠뜨릴 수 있다는 점에서 부정적이지만, 동시에 사회적 공권력과 윤리 규범의 필요성을 정당화한다는 점에서 긍정적인 역할을 수행한다. 이 시점에서 주의해야 할 것은 인간의 욕망에 대한 순자의 시선이다. 그는 인간의 욕망을 윤리적인 잣대로만 보는 것이 아니라 사회·정치적인 시선에서 평가하고 있다. 욕망은 인간에게 선천적으로 주어진 것으로서, 삶을 영위하기 위해 자기를 보존하고자 하는 욕구가 확장된 것이기 때문이다. 따라서 순자의 이론체계에서 예의 외재성에 대한 강조는 항상 인간 욕망의 무한성에 대한 강조와 함께할 수밖에 없다.

5. 인간의 능동성을 긍정한 인문주의자

전국시대 이후 중국을 지배한 사상은 유학이었지만 맹자 계열의 유학이 주류를 이루면서 순자의 사상은 소외당한다. 성선설을 주장한 맹자를 빛내기 위해, 순자는 단순히 성악설을 주장했던 이류 철학자로 평가절하되었다. 그러나 당시 모든 사상가의 논쟁과 토론을 중재하고 조절하는 역할을 수행했을 정도로, 순자는 깊이와 넓이를 두루 갖춘 사유체계를 구성했던 인물이다. 고대 중국을 수놓았던 수많은 사상가 중 순자는 가장 포괄적이고 합리적인 체계를 구성한 사상가였다고 해도 과언이 아니다. 그의 사유체계는 여러 특징으로 설명될 수 있다. 그러나 그 중 가장 중요한 것은, 아마도 그가 자연과 인간을 성공적으로 분리했다는 데 있을 것이다.

자연과 인간의 분리는 그의 인성론에서도 본성과 인위의 분리로 반복된다. 순자에게 있어 인간에게 주어진 본성이란 기본적으로 인위에 의해 가꾸어야 할 자연에 불과하다. 인위를 본성보다 우월한 것으로 긍정한다는 점에서, 그는 탁월한 인문주의자다. 인문주의는 인간의 능동성을 긍정하기 때문이다. 흥미로운 것은 그의 제자 중 한비자와 같은 법가 사상가도 있다는 점이다. 한비자는 유학자로 남고자 했던 스승과는 다른 길을 걸어갔지만, 자연과 사회의 분리 혹은 본성과 인위의 분리라는 스승의 근본 테제를 결코 버리지 않았다. 단지 그가 자신의 스승과 달라지는 지점은, 천하를 통일할 수 있는 인위로 예가 아닌 법을 선택했다는 데 있을 뿐이다.

인간의 능동성을 강조했을지라도, 순자가 모든 것이 인간의 뜻대로 관철될 수 있다는 것을 주장하지는 않는다. 그래서 그가 항상 본성(性)과 인위(僞)를 동시에 염두에 두고 있었다는 사실이 중요하다. 순자는 우리 인간의 능동성이 주어진 본성이라는 한계 속에서 의미를 가지고 있다는 것을 잘 알고 있었다. 이 점에서 순자가 권고하는 인간의 능동성은 무제한적인 것이 아니라 제한적인 것이었다고 할 수 있다.

순자가 들려주는 이야기

　　자연을 위대하게 여겨 사모하는 것과 자연을 하나의 대상물로 보고 길러 이용하려는 것 중 어느 것이 더 나은가! 자연에 맹종하여 기리는 것과 자연의 변화 법칙을 제어하여 이용하는 것 중 어느 것이 더 나은가! 사계절의 운행만을 바라며 기다리는 것과 사계절의 순환에 대응하여 응용하는 것 중 어느 것이 더 나은가! 사물의 자연적인 성장에 맡겨 증식하기를 바라는 것과 사람의 재능을 부려 변화시키는 것 중 어느 것이 더 나은가! 사물을 자기 욕구의 충족 대상으로만 생각하는 것과 사물을 내버려두지 않고 가공하는 것 중 어느 것이 더 나은가! 사물이 생겨나는 원인에만 마음을 쓰는 것과 사물이 더욱더 성장하도록 돕는 것 중 어느 것이 더 나은가! 그러므로 사람의 능력은 버려두고서 자연의 혜택만을 사모한다면 만물의 실정을 잃어버리는 것이다.

《순자》, 〈천론〉

大天而思之, 孰與物畜而制之! 從天而頌之, 孰與制天命而用之! 望時而待之, 孰與應時而使之! 因物而多之, 孰與騁能而化之! 思物而物之, 孰與理物而勿失之也! 願於物之所以生, 孰與有物之所以成! 故錯人而思天, 則失萬物之情.

한자 풀이

大(대) : 위대하게 생각하다

畜(휵) : 기르다

頌(송) : 기리다, 칭송하다

制(제) : 제어하다, 통제하다

應(응) : 대응하다

騁(빙) : 부리다

理(리) : 다스리다

所以(소이) : 원인, 이유

錯(착) : 버려두다

情(정) : 실정

깊이 읽기

순자는 자연에 대한 맹종과 그에 대한 창조적 변형을 구분하면서, 후자의 가치를 긍정적인 것으로 이야기하고 있다. 이는 그가 자연의 질서와 사회의 질서를 명확히 구분했음을 보여주는 것으로, 사회의 질서라는 인문적 공간을 발견했다는 점에서도 의의가 있다. 역설적인 것은 바로 이 점이 그를 중국 철학사에서 이단적인 인물로 만들었다는 점이다. 일반적으로 알려져 있는 것처럼 중국 철학사의 일반적인 경향은 서양과 달리 자연과의 조화나 합일을 도모하고 있다. 순자는 분명 이런 일반적 경향과는 다른 사상가다. 그렇다고 하더라도 그는 결코 고대 중국 사상계에서 비주류에 속했던 사상가는 아니다. 오히려 그의 위상과 역할은 고대 중국 사상계의 경향들을 비판적으로 종합하는 데 있다. 이것은 최소한 고대 중국에 있어서 자연을 합리적으로 이용할 수 있는 인간의 능동성을 강조하는 사유가 적지 않은 영향력을 가지고 있었음을 보여준다. 이 점에서 우리는 순자의 사유를 통해서 중국 철학이 우리에게 제공하는 다른 가능성을 어렵지 않게 확인할 수 있다.

 더 읽어볼 만한 책

순자, 《순자》, 김학주 옮김(을유문화사, 2001)

시중에 나와 있는 《순자》에 대한 번역서는 상당히 많다. 이 책은 그중 가장 원전에 충실하다고 할 수 있는 번역서로, 오랫동안 많은 중국 고전을 옮겼던 역자의 역량이 십분 발휘되어 있다. 필요한 부분에 적절한 해제가 달려 있어 초보자도 어렵지 않게 순자의 복잡한 사유체계를 그의 말을 통해서 생생하게 접할 수 있다.

순황, 《순자》, 장현근 옮김(책세상, 2002)

이 책은 《순자》 총 32편 가운데 철학적으로 가장 중요한 작품이라고 할 수 있는 7편을 발췌하여 옮긴 것으로, 순자의 사유체계에 대한 간결하지만 중요한 해제가 실려 있다. 따라서 방대한 《순자》 전체를 직접 읽기 전에 대략적으로 순자의 사유 세계를 접하는 데 유용하다. 〈권학(勸學)〉편은 학문에 대한 입장을, 〈비십이자〉편은 기존의 다양한 사상가들을 어떻게 비판하며, 나아가 이를 기초로 자신의 학문적 입장을 어떻게 정립하는지를, 〈왕제(王制)〉편은 정치철학을, 〈부국(富國)〉편은 유학 사상 입장에서 어떤 부국강병의 입장을 피력하고 있는지를, 〈천론〉편은 자연에 대해, 나아가 인간 사회에 대해 어떻게 이해하고 있는지를, 〈예론〉편은 어떤 논증으로 예를 정당화하고 있는지를, 〈성악〉편은 맹자의 성선설을 비판하면서 전개되는 성악설의 의미를 잘 보여준다.

제10장 한비자—절대군주가 되는 방법

한비자

한비자(기원전 280
~232)는 한나라
귀족 출신으로 이름은 한비(韓
非)다.

1. 법가, 정치철학의 종합

약육강식이라는 말로 정리될 수 있는 전국시대의 다양한 사상 중 가장 각광을 받았던 것이 바로 법가 사상이다. 전국시대에 활약했던 법가 사상가 중 유명했던 사람으로는 신불해(申不害), 신도(愼到), 상앙(商鞅)을 들 수 있다. 그러나 다른 누구보다 법가라는 이름을 들으면 가장 먼저 생각하게 되는 인물은 바로 한비자다. 그는 이전 법가의 정치철학을 하나의 체계로 종합했다. 그는 말더듬이로 태어난 것을 보완하기라도 하려는 듯 많은 글을 지어 자신의 정치철학적 통찰을 세상에 알리려 했다. 그의 예리한 식견은《한비자》라는 책에 담겨서 지금도 우리에게 전해지고 있다. 젊었을 때 한비자는 훗날 진시황의 재상이 되는 이사(李斯)와 함께 순자에게 학문을 배웠다. 한비자는 영민한 재능과 탁월한 판단력으로

젊었을 때부터 학문적으로 각광을 받았지만, 말을 더듬는 장애 탓에 출세가도를 달리지 못했다. 반면 그의 친구 이사는 지적인 능력에서 한비자에 미치지 못했지만, 유창한 화술로 정치적 성공을 이루게 된다. 한비자가 진시황을 만나게 되었을 때, 이를 가장 두려워했던 인물은 그의 친구 이사였다. 이사는 자신의 친구가 자기보다 월등한 역량을 지니고 있다는 것을 누구보다 잘 알고 있었기 때문이다. 결국 한비자는 이사의 모함으로 진나라의 감옥에서 쓸쓸한 죽음을 맞이하게 된다.

이사(?~기원전 208)는 초나라에서 태어나 진나라의 재상이 되었다. 법가주의에 근거하여 학문의 자유를 탄압한 분서(焚書)를 단행했다.

2. 가족질서는 국가질서와 병존할 수 없다

진시황

우리는 한비자가 순자의 제자였다는 사실을 잊어서는 안 된다. 한비자도 인간의 본성은 악하므로 교육과 학습을 통해 외재적 가치를 추구해야 한다고 본 순자의 노선을 따르고 있기 때문이다. 그러나 법가 사상가인 한비자에게 영향을 미쳤음에도 순자 자신은 초지일관 유가 사상가였다. 그것은 그가 기본적으로 가족질서를 중시하는, 즉 '친친(親親)'의 입장에 서 있었다는 것을 말해준다.

친친은 글자 그대로 '친한 사람을 친하게 여긴다'는 것을 의미한다. 여기서 친한 사람이란 물론 가족 성원이며, 좁은 의미로는 부모를 가리킨다. 다시 말해 한 개체가 태어나서 가장 친밀하게 관계를 맺는 사람은 바로 부모라는 것이다. 부모를 양친(兩親)이라고 표현하는 것도 이런 전통에 기원한다. 가족질서를 중시하는 유학의 입장을 명확히 이해하기 위해서는 직접 공자의 이야기를 들어볼 필요가 있다.

> 섭공이 공자에게 말했다. "우리 마을에 몸가짐이 정직한 사람이 있는데, 그의 아버지가 양을 훔치자 그는 자식이면서도 그것을 증언했습니다."
> 공자가 말했다. "우리 마을의 정직한 사람은 그와 다릅니다. 아버지는 자식을 위해 그런 일을 숨기고, 자식은 아버지를 위해 그런 일을 숨기지만, 정직함은 바로 그 속에 있습니다."
>
> 《논어》, 〈자로(子路)〉

분명히 공자는 절도 행위보다 효도를 우선시하고 있다. 이것은 그가 공권력으로 상징되는 국가질서보다 효도로 상징되는 가족질서를 우선한다는 것을 말해준다. 물론 공자가 국가질서는 폐기해도 된다는 식으로 생각했던 것은 아니다. 그의 생각은 훨씬 더 깊은 데 있다. 부모에 대한 자식의 효도와 자식에 대한 부모의 자애로움으로 표현되는 가족질서가 회복된다면, 이 가족 안의 어떤 구성원도 국가질서를 어기는 범죄를 저지르지 않을 것이라고 확신했던 것이다. 유가에서는 이렇게 가족질서를 가장 중요하고 본질적인 삶의 지평으로 간주하고, 가족질서에 충실한 사람이 가족보다 더 큰 사회질서, 즉 국가질서에 충실할 수 있다고 이해하고 있다. 유가는 이런 사람을 군자라고 부른다.

그러나 과연 유가가 생각했던 방식처럼 가족질서가 국가질서나 천하질서로 무리 없이 연결될 수 있는가? 이것이 한비자가 유학을 비판할 때 던졌던 근본적인 물음이다. 이제 한비자는 어떤 입장을 견지하고 있는지 살펴보자.

초나라에 직궁이라는 사람이 있었다. 그의 아버지가 양을 훔치자, 그는 그것을 관리에게 고발했다. 그러자 초나라 재상이 말했다. "그를 죽여라." 임금에게는 진실했지만, 아버지에게는 비뚤어져 있는 것이라고 생각해서 그의 죄를 물은 것이다. 이 경우를 살펴보면 임금의 정직한 신하는 아버지의 못된 자식인 셈이다.

《한비자》, 〈오두(五蠹)〉

유학의 경전인 《대학(大學)》에는 유교적 사고가 '수신제가치국평천하(修身齊家治國平天下)'라는 명제로 표현되어 있다. 유학 이념에 따라 자신을 수양하면 가족질서를 확보할 수 있고, 나아가 가족질서가 확보되면 국가와 천하의 질서를 확보할 수 있다는 것이다. 이런 주장에는 정치질서는 곧 가족질서의 연장이라는 생각이 함축되어 있다.

한비자는 〈오두(五蠹)〉편에서 다섯 부류의 사람들을 국가질서를 좀먹는 벌레로 생각했다. 첫째 유학 이념을 표방하는 학자, 둘째 언변의 힘을 군주에게 유세하려는 유세객, 셋째 사사로운 의리를 표방하는 협객, 넷째 군주 옆에서 청탁과 뇌물을 일삼는 군주의 최측근, 마지막으로 다섯 번째 농민의 이득을 중간에서 갈취하는 상공인.

《논어》에 등장하는 이야기를 이용해서, 한비자는 가족질서와
국가질서 사이의 관계가 유가가 생각하고 있는 것처럼 연속적이
지 않으며, 일종의 대립이나 모순 관계에 있다는 것을 명확하게
설명하고 있다. 한비자의 이야기에 등장하는 초나라 재상은 물론
유학을 신봉하는 사람으로서, 가족질서를 국가질서보다 중요한
것이라고 판단하고 있다. 여기서 한비자는 단순히 불효라는 죄목
으로 국가에 충성했던 사람에게 죄를 물은 초나라 재상을 칭찬하
는 것이 아니다. 오히려 그는 이 사례를 통해서 국가질서를 따르
는 것과 가족질서를 따르는 것이 양립할 수 없는 모순 관계에 있
다는 점을 역설하고 있다. 역사적으로 동아시아에서 가장 큰 정치

적 문제 중 하나는 바로 <u>외척</u>의 문제였다. 외척들은 군주와 사적인 가족 관계를 맺고 있다는 이유로 군주의 정치권력을 훔치고, 결국 국가질서를 혼란에 빠뜨렸던 주범이었다. 한비자가 가족질서의 논리를 강하게 부정하는 이유도, 이처럼 가족질서가 국가질서를 근본적으로 위험에 빠뜨릴 수 있다고 보았기 때문이다.

외척이 국정에 관여하여 국가 자체를 위기로 몰고 간 경우는 많지만, 가장 심했던 경우는 진나라를 이어서 중국을 통치했던 한나라다. 특히 한나라 후반기 200년에는 외척 가문이 어린 황제를 선택하고, 그들의 딸이 태후가 되어 통치를 담당했다. 이 시기 동안 진정한 통치자는 황제라기보다 외척이었다.

3. 이해타산적인 인간 존재와 상벌의 논리

순자의 성악설은 인간이 기본적으로 이해타산적인 존재라는 데서 출발한다. 따라서 순자는 예에 의한 교화가 없다면 사회는 혼란에 빠지게 될 것이라고 주장했다. 한비자는 인간의 본성에 대한 순자의 이해 방식을 그대로 계승한다.

부모와 자식의 관계를 살펴보자. 아들을 낳으면 서로 축하하지만 딸을 낳으면 그 아이를 죽여버린다. 이들은 모두 부모의 품 안에서 나왔다. 그러나 사내아이는 축하를 받고 계집아이는 죽임을 당하는 것은 뒷날의 이점을 생각해보고 오래가는 이득을 따져본 뒤에 나온 행위다. 따라서 부모도 자식에 대해 계산하는 마음으로 서로 대하는데, 하물며 자식과 부모 간의 사랑도 없는 신하와 군주 사이의 관계는 어떻겠는가? 지금 학자들은 '이득을 찾는 마음'을 버리고 '서로 사랑하는 도리'에서 출발하라고 군주들에게 유세하고 있다.

이것은 군주에게서 부모의 사랑보다 더 깊은 사랑을 찾고자 하는 것이다. 이것은 사랑을 논의할 때 부모나 군주 사이의 구별을 전혀 모르고 하는 말이기 때문에, 사기이며 속임수에 불과하다. 따라서 현명한 군주는 이런 사기를 받아들이지 않는다.

《한비자》, 〈육반(六反)〉

아직도 사용되고 있는 식구(食口)라는 말은 글자 그대로 '먹는 입'을 뜻한다. 이를 통해 우리는 당시 사람들이 가족 성원을 부족한 생산물을 입으로 먹어서 소비하는 사람으로, 즉 경제적 원리를 바탕으로 이해하고 있었음을 알 수 있다.

당시 사회가 기본적으로 농경사회라는 점을 생각해보면, 사람들이 노동력을 갖춘 사내아이를 선호하고 그렇지 않은 계집아이를 꺼렸다는 것은 납득하기 어려운 일이 아니다. 또한 같은 이유로 조혼(早婚)의 풍습이 유행했다. 노동 생산력에 별로 도움이 되지 않는 여자 아이를 어린 나이에 다른 집으로 시집보냄으로써, 가족의 식량 비축량을 안정적으로 확보하려고 했던 것이다.

가족질서도 하나의 경제 관계로 이해하고 있다는 점에서 한비자는 유가나 묵가에서 가장 멀리 벗어나 있는 사상가라고 할 수 있다. 유가나 묵가는 가족이라는 경제적 이해관계를 넘어서 사랑의 가치를 유지하는 사회 단위라고 생각했고, 부모 자식 간의 사랑의 원리가 전체 국가의 통치 원리로 확장된다고 보았다. 그러나 한비자는 이런 생각이 사회과학적 사유가 결여된 비현실적 몽상이라고 지적하면서, 유가와 묵가는 사랑의 원리가 기본적으로 하나의 경제적 원리에서 파급된 것임을 모르고 있다고 조롱한다.

한비자는 인간이 기본적으로 경제적 이익을 계산하는 존재, 즉 이해타산적인 존재라는 통찰에서, 군주는 국가를 통치하기 위해서 상과 벌이라는 두 가지 수단을 확고히 잡고 있어야 한다는 주장을 이끌어낸다.

군주는 계산으로 신하를 기르고 신하 또한 계산으로 군주에게 일을 한다. 군주와 신하는 서로 계산을 한다. 자기 몸을 해쳐서 나라를 이롭게 하는 일을 신하는 하지 않는다. 나라를 해쳐서 신하를 이롭게 하는 일을 군주는 하지 않는다. 신하의 실정은 자기 몸을 해치게 되면 이득이 없는 것이요, 군주의 실정은 나라가 해를 입으면 가까이할 필요가 없는 것이다. 군주와 신하는 계산으로 만난다. 따라서 신하들로 하여금 무릇 어려운 일을 당하여 반드시 죽을 각오를 하고 그들의 지능과 힘을 다하게 하는 것은 법이다. 따라서 이전의 훌륭한 군주들은 상을 내리는 조건을 명시하여 신하들을 분발하게 했고 엄혹한 형벌로 그들을 위세 있게 다스렸다. 상과 벌의 시행이 분명하면 백성들은 모두 목숨을 다해 일을 하고, 백성들이 목숨을 다해 일을 하면 군대가 강해지고 군주의 위세는 높아진다. 형벌과 상의 시행 원칙을 분명히 파악하지 못하면 백성이 나라에 공로가 없어도 이득을 얻게 되고, 죄를 지어도 형벌을 요행으로 피하게 된다. 그러면 군대는 약해지고 군주의 위세는 낮아진다.

《한비자》, 〈식사(飾邪)〉

한비자에게 상과 벌은 윤리적인 문제가 아니라 경제적인 문제로 사유된다. 신하가 군주에 충성을 다하는 것은 결국 그 대가로 자신에게 돌아오는 이익, 즉 상 때문이다. 신하가 군주를 배신하지 않는 것은 그 대가로 자신에 들어오는 손해, 즉 벌 때문이다. 결국 유가나 묵가의 생각과 달리, 군주와 신하는 가족적 애정의 관계에 있는 것이 아니라 냉정한 경제적 관계에 묶여 있다. 부국강병을 달성하려면 국가와 군주는 자신에게 충성을 다하는 신하에게 상을 내리고 그렇지 않은 신하에게는 벌을 내려야 한다. 반대로 충성하는 신하에게 벌을 내리고 배신하는 신하에게 상을 내리게 되면 국가는 쇠약해지고 끝내 다른 국가에 의해 멸망할 것이다. 여기서 한비자의 법이라는 개념이 가지는 위상이 분명히 드러난다. 그에게 있어 법이란 상을 내리는 조건과 법을 내리는 조건을 명시함으로써, 국가를 부강하게 하고 군주의 권력을 증대하는 수단이다. 그러므로 우리는 한비자의 법이 전제하는 이론적 기초가 경제 원리와 정치 원리의 통합에 있다는 것을 어렵지 않게 확인할 수 있다.

4. 법, 술, 세의 종합

법가 사상은 부국강병을 꿈꾸던 당시의 군주들에게 가장 환대받

았다. 따라서 법가는 고대 중국 사회에서 정치적 주류를 차지했고, 항상 다른 학파, 특히 유가에게는 일종의 질투의 대상일 수밖에 없었다. 한나라 이후 중국 사회의 주류 사상이 된 유가는 진시황의 진나라가 일찍 몰락한 이유를 법가 사상 탓으로 돌렸다. 다시 말해 그들은 법가가 천하를 통일하는 데 도움이 될지 모르지만 천하를 다스리는 데는 부적절하다는 이유를 들어 법가 사상을 왜곡했고, 그 결과 법가 사상에 대한 인상 역시 좋지 않은 것으로 굳어지게 되었다. 그러나 사실 갈등과 살육으로 점철된 중국 사회를 통일시킨 실질적인 공로는 사실 유가가 아니라 법가에 돌아가야 한다.

철학적으로 중요한 대표적인 법가 사상가로는 세 사람을 거론할 수 있다. 첫 번째는 군주의 통치술, 즉 술(術)을 강조했던 신불해이고, 두 번째는 정치적 권력이나 공권력의 힘, 즉 세(勢)를 강조했던 신도였다. 그리고 마지막 세 번째는 군주가 전체 사회를 통제하는 방법, 즉 법(法)을 강조했던 상앙이다. 한비자가 고대 중국 철학사에서 차지하는 의의는, 그가 이전 선배 법가 사상가의 사상을 비판적으로 종합했다는 데 있다. 그렇다면 그가 어떻게 신불해, 신도, 상앙의 법가 사상을 비판적으로 종합했는지 살펴보자

먼저 통치술을 강조했던 신불해에 대한 한비자의 이야기를 들어보자.

신불해는 한나라의 임금 소후(昭矦)의 신하였다. 한나라는 진(晉)나라에서 분리되어 나온 나라인데, 아직 진나라의 옛날 법이 폐지되지도 않았고 한나라의 새로운 법도 제정되지

신불해(기원전 385?~337?)는 한나라의 여러 공자(公子) 중 한 사람으로, 처음에는 하급 관료를 지냈다가 뒤에 학문이 출중하다고 알려져 재상으로 발탁되어 약 17년간 재상을 역임하게 된다. 정치, 교육, 외교 등 다방면의 영역을 효과적으로 개혁하여 그가 재상으로 있을 때 다른 어떤 나라도 감히 한나라를 침략할 생각을 하지 못했다고 한다.

않았다. 그런데 옛날 법이 회수되지도 않았는데, 새로운 법이 반포되었다. 신불해가 그 법들을 정리하지 않고 그 법령을 통일시키지 않았으므로 나쁜 짓이 많이 일어나게 되었다. 옛 법이 유리하면 사람들은 그것을 이야기하고, 새로운 법이 유리하면 그것을 말하게 되었다. 신불해는 열 번이나 군주에게 통치술을 쓰라고 권했지만, 거짓된 신하들은 옛법과 새로운 법이 서로 어긋나고 모순되는 데서 이득을 취하기 위해 말을 교묘하게 꾸며 군주를 속일 수 있었다. 부강한 한나라에서 신불해는 17년 동안 재상을 지냈지만 한나라가 천하통일을 이루지 못한 것은, 군주가 위에서 통치술을 쓴다고 해도 법이 아래에서 관리에 의해 부지런히 정리되지 않은 데서 유래한 폐단 때문이었다.

《한비자》, 〈정법(定法)〉

신불해는 법령의 정비보다는 군주의 통치술만을 강조했다. 그러나 법령이 통일되지 않는다면, 통치술은 별다른 힘을 쓸 수가 없다. 왜냐하면 통치술이란 신하의 행동을 법에 근거해서 살피는 방법이기 때문이다. 만약 법령이 정리되지 않고 심지어 모순된 법령이 사회에 통용된다면, 군주가 어떻게 신하들의 행동이 법에 저촉되는지를 살필 수 있겠는가? 물론 한비자가 신불해가 제안했던 술을 부정하는 것은 아니다. 그러나 그가 주목하고 있는 것은 술은 법이 정비되었다는 전제하에서만 유효하다는 사실이다.

이제 다음으로 권세, 즉 세를 강조했던 신도에 대한 한비자의

신도(기원전 395~315)는 조나라 출신으로, 제나라의 직하학사(稷下學舍)에서 활동했던 학자다. 다른 법가와 달리 그는 현실 정치에 직접 참여하지 않고, 정치이론에 대한 순수한 이론적 탐구와 토론에만 몰두했다고 한다. 고대 중국의 강국 중 하나였던 제나라에 법가 사상을 전파시키는 데 공이 컸다.

입장을 살펴보자.

신도 선생은 다음과 같이 말했다. "'날아다니는 용(飛龍)'
이 구름을 타고, '날아다니는 뱀(騰蛇)'이 안개 속에 노닌
다. 구름이 걷히고 안개가 걷히면 용과 뱀은 땅에서 기어 다
니는 지렁이나 개미와 다를 바 없는데, 그것은 그들이 타야
할 것을 잃었기 때문이다. 능력 있는 사람이 못난 사람에게
굴복한다면 권세가 가볍고 지위가 낮기 때문이다. 못난이가
능력 있는 사람을 굴복시키는 것은 권세가 무겁고 지위가
높기 때문이다." ……나는 이런 이야기에 대해 다음과 같이
반박하고 싶다. "능력 있음을 버리고 권세에만 맡긴다면 통
치가 잘 될 수 있는가? 나는 그렇다고 보지 않는다. 구름과
안개의 세력이 있었으나 그것을 탈 수 있었던 것은 용과 뱀
이 좋은 능력을 지니고 있기 때문이다. 지금 구름이 무성하
다고 해도 지렁이는 날 수 없을 것이다."

《한비자》, 〈난세(難勢)〉

신도에 따르면 누군가가 군주가 된다는 것은 그가 압도적인 권
력, 즉 권세를 타고 있다는 것에 다름 아니다. 그러나 한비자는 세
의 중요성에 십분 동감하기는 하지만, 아무나 권세를 탈 수 있는
것은 아니라고 지적한다. 구름과 안개로 비유된 세뿐 아니라 용이
나 뱀으로 비유된 역량, 즉 술을 갖춰야 한다고 본 것이다. 주체적
인 역량을 결여한 군주는 일시적으로 외적인 권세를 갖추었더라

도 곧 자신의 정치권력을 빼앗기고 평범한 사람이 될 수밖에 없다. 한비자는 군주가 자신의 권력을 영속화하고 확장하기 위해서는 단순히 권세에만 의존해서는 안 되며, 법의 제정이나 술이라는 통치술과 같은 주체적 역량을 확보해야만 한다는 점을 통찰하고 있었다.

상앙
GNU Free Documentation
License

이제 마지막으로 한비자가 법을 강조했던 <u>상앙</u>에 대해 어떻게 생각하고 있는지를 살펴보자.

> 상앙이 진나라를 재상으로서 다스릴 때는 서로 범죄를 고발하게 하고 연좌제를 썼다. 상은 후히 주고 또 누락시키지 않고 주었고, 벌을 줄 때는 엄격하게 해서 용서하는 법이 없었다. 그래서 진나라 백성들은 힘써 일하며 쉴 줄을 몰랐고 적을 추적할 때는 위험해도 물러서지 않았다. 이 때문에 나라는 부유해지고 군대는 강해졌다. 그러나 군주에게 신하들의 속임수를 간파할 수 있는 통치술이 없었으므로, 그 부유함과 강함으로 신하들의 세력을 키워주었을 뿐이다.

《한비자》, 〈정법〉

 상앙(기원전 390~338)은 위(衛)나라 공자 중 한 사람으로 처음에는 위앙(衛鞅)이나 공손앙(公孫鞅)으로 불렸다. 그는 위나라의 재상을 역임했던 이회(李悝)에게서 법가 사상을 배웠다. 위나라에서 뜻을 펴지 못하자, 서쪽의 강국 진나라로 가 효공(孝公)에게 발탁되어 변법으로 불리는 개혁에 착수하게 된다.

상앙은 두 차례의 법 개정, 즉 변법(變法)으로 서쪽 후진국이었던 진나라를 가장 강력한 국가로 만든 정치가였다. 사실 진시황이 천하를 통일할 수 있었던 것도, 상앙이 다져놓은 법체계 때문이었다. 그러나 상앙이 강조했던 법만으로는 부국강병의 이득을 군주에게서 빼앗아 자신들에게 귀속시키려는 신하들의 농간, 즉 기득

상앙은 법률 지상주의를 신봉하는 엄격한 법치주의자로서 가혹한 연좌제를 실시했다. 그러나 실각한 뒤 여관에 피신할 수밖에 없는 상황에 몰렸을 때 여관 주인은 그에게 여행증이 없다는 이유로 방을 내주지 않았다. 여행증이 없는 손님에게 방을 내준 여관 주인은 연좌제에 의해 처벌을 받기 때문이다. 상앙은 자기가 만든 법률의 덫에 자기가 걸려 처형당했다고 전해진다.

권층의 책략을 효과적으로 막을 수 없었다. 결국 기득권층의 반발로 인해 상앙 자신도 수레로 찢어 죽이는 거열형(車裂刑)을 받아 죽었다는 것은 유명한 이야기다. 상앙의 비참한 말로를 보면서 한비자는 법은 부국강병을 이루는 가장 효과적인 수단이지만, 이것만으로 부국강병의 이득을 군주나 국가에 온전히 귀속시킬 수 없다는 점을 통찰한 것이다. 결국 군주는 법 이외에 신하들의 행동을 감시하고 파악할 수 있는 술을 반드시 갖추고 있어야만 한다.

법과 술, 그리고 세를 통합적으로 사유함으로써 한비자는 고대 중국의 법가 사상을 종합하는 데 성공한다. 법가 사유를 지탱하는 이 세 가지 개념은 물론 병렬적인 관계는 아니다. 이 세 가지 개념 중 무엇보다 중요한 것은 바로 세다. 정치권력을 가지고 있지 않다면, 법이나 술은 아무런 의미도 없기 때문이다. 그 다음으로 중요한 것은 법이라는 개념이다. 법을 통해서 부국강병을 이루지 못한다면, 그 결과물을 자신의 것으로 만들려는 신하나 기득권층을 견제하려는 술은 사용할 기회조차 얻을 수 없기 때문이다.

5. 민중을 위해 권력을 긍정하다

한비자가 살았던 전국시대 후반기는 대규모 살육전이 연속적으로 발생했던 시기였다. 혼란기를 틈타 다양한 사상가들은 비현실적인 이론을 군주들에게 유세했다. 한비자의 눈에 이들의 이론은 치열한 전쟁으로 죽어가는 백성들의 참상을 이용하여 자신의 출

세와 영달을 도모하려는 자기 기만적인 미사여구에 불과한 것으로 보였다. 그래서 그는 유가로 대표되는 당시의 지식인을 사회를 좀먹는 '다섯 가지 좀'에 비유해 비판하기도 했다. 그러자 권력을 잡은 유가는 한비자의 이미지를 권력을 위해서 사유한 비굴한 철학자, 군주 편에 서서 민중을 억압한 국가철학자로 만들어왔고, 이런 이미지는 아직도 우리의 뇌리에 깊게 각인되어 있다. 그러나 한비자가 강력한 국가의 출현과 천하통일의 필요성을 역설한 이유는 수백 년간 지속된 국가 간의 살육전을 근본적으로 막아 민중을 구하려는 것이었다.

《한비자》〈문전(問田)〉편에서 그의 진정한 속내를 읽어볼 필요가 있다. "이전 왕들의 가르침을 폐하고 비천한 저의 주장을 실천

한나라를 세운 유방(劉邦)

하려는 것은 법술을 세우고 표준을 설정하는 것이 백성을 이롭게 하고 민중들을 편하게 해주는 도리라고 여기기 때문입니다." 한비자가 순자의 제자였음에도 법가 이론의 완성자로 등장할 수밖에 없었던 것은 바로 이 때문이다. 그는 군주와 권력에 빌붙었던 사상가가 아니라, 민중을 위해서 군주와 권력이라는 현실을 긍정했다. 실제로 한비자의 모든 정치사상은 진시황에 의해 채택되었고, 그의 이론은 천하를 통일하는 이론적 기초가 되었다. 그리고 결국 한비자가 의도했던 대로, 천하가 통일됨으로써 백성들이 더이상 살육 전쟁에 동원되지 않게 되었다. 친구의 모함으로 불행하게 죽은 한비자의 고독한 울분도 마침내 풀리게 된 셈이다.

거듭되는 전쟁과 국가의 흥망성쇠로 점철되던 고대 중국이 진나라로 통일되었다는 것은, 사상사적으로는 한비자를 대표로 하는 법가 사상이 최종적인 승자의 자리를 차지했다는 것을 의미한다. 이것은 역으로 유가 사상이나 도가 사상이 천하를 통일시킬 수 있는 이념적이고 현실적인 대안일 수 없다는 것을 말해준다. 그러나 문제는 영원할 것 같았던 진나라가 너무나 일찍 단명했다는 점이다. 이것은 법가 사상에 대한 근본적인 재검토가 필요하다는 것을 말해준다. 물론 법가 사상에 대한 재검토는 유가나 도가 경향의 한나라 지식인들에 의해 수행되었다. 한나라에서 시작되는 중국 중세 철학사가 유가와 도가의 화려한 재부활로 시작되었던 이유도 바로 여기에 있다.

한비자가 들려주는 이야기

　　지금 여기에 재주 없는 자식이 있다. 그런데 부모가 그에게 화를 내도 고칠 수 없고 마을 사람들이 나무라도 끄떡하지 않고 선생이 가르쳐도 변화시키지 못한다. 부모의 사랑, 마을 사람의 품행, 선생의 지혜 세 가지 좋은 것을 보태도 그는 끝내 끄떡도 하지 않으니 그의 정강이 터럭 하나도 고쳐놓은 것이 없다. 지방 관청의 관리가 관병을 거느리고 공법을 근거로 나쁜 짓을 한 사람을 수색한 연후에야 그는 두려워서 뜻을 바꾸고 행실을 바꾸게 되었다. 따라서 부모의 사랑이 자식을 가르치기에 충분하지 못하고 반드시 지방 관청의 엄한 형벌을 기다려야 하는 것은, 백성들이란 진실로 사랑해주면 교만해지고 위세에 눌려야만 말을 듣게 되기 때문이다.

《한비자》, 〈오두〉

今有不才之子, 父母怒之弗爲改, 鄕人譙之弗爲動, 師長敎之弗爲變. 夫
以父母之愛, 鄕人之行·師長之智, 三美加焉, 而終不動, 其脛毛不改.
州部之吏, 操官兵, 推公法, 而求索姦人, 然後恐懼, 變其節, 易其行矣.
故父母之愛不足以敎子, 必待州部之嚴刑者, 民固驕於愛, 聽於威矣.

한자 풀이

誚(초) : 꾸짖다

脛(경) : 정강이

吏(리) : 관리

求索(구색) : 찾다

恐懼(공구) : 두려워하다

節(절) : 행위의 절도

易(역) : 바꾸다

驕(교) : 교만하다

깊이 읽기

공자와 달리 한비자는 인간을 낙관적으로 보지 않았다. 가족질서를 회복한다고 해서 어떤 사람이 동시에 국가질서를 지키는 인간으로 변하지는 않기 때문이다. 한비자는 역사적으로 가족질서를 지킨다는 명목으로 도리어 국가질서를 위험에 빠뜨린 경우에 주목하고 있다. 《한비자》에 등장하는 유명한 모순(矛盾) 이야기도 바로 이런 취지에서 나온 것이다. 모든 것을 뚫을 수 있다는 창과 모든 것을 막을 수 있다는 방패를 팔고 있는 상인에게 어떤 사람이 묻는다. "그렇다면 당신이 가진 창을 당신이 가진 방패에 던지면 어떻게 되나요?" 창과 방패 이야기의 비유처럼, 국가질서와 가족질서는 대립되고 모순되기 때문에 양립 불가능하다. 따라서 그는 오직 육체적 형벌에 근거한 강한 공권력만이 인간을 국가질서에 순응하게 만들 수 있다고 주장했다. 《논어》의 구절을 빌리자면 '아버지가 양을 훔쳤을 때 그것을 고발하는 아들'이 많으면 많을수록 국가는 질서를 확보하게 되고, 반대로 '아버지의 범죄를 은폐하는 아들'이 많으면 많을수록 국가는 혼란에 빠질 수밖에 없기 때문이다.

 더 읽어볼 만한 책

윤찬원,《한비자》(살림, 2005)

《한비자》는 많이 번역되었지만, 한비자의 사상을 한눈에 조망할 수 있는 연구서나 안내서가 부족한 것이 우리의 실정이다. 그러다 보니 한비자의 사상은 오해되거나 왜곡되는 경우가 많다. 중국 철학 전공자가 한비자의 사상을 당시의 사상사적 문맥을 맞추어 친절하고 요령 있게 서술하고 있어서, 일반 독자들이 한비자의 법가 사상을 이해하는 데 많은 도움이 될 것이다.

한비자,《한비자》, 이운구 옮김(한길사, 2002)

이 책은 《한비자》에 대한 가장 포괄적인 번역서다. 오랫동안 제자백가의 사상을 연구했던 철학자의 번역인지라 번역 구절마다 많은 내공이 묻어 있다. 충실하게 번역되었을 뿐 아니라 원문도 병기하고 있다. 특히 다른 주석서를 볼 필요가 없을 정도로 원문에 대한 주석을 친절하게 수록하고 있다는 점도 이 책을 빛나게 하는 부분이다.